멈춤

Be still

멈춤 *Be still*

2021년 1월 19일 초판 1쇄 인쇄
2021년 1월 26일 초판 1쇄 발행

지 은 이 | 이경희
펴 낸 이 | 김영호
펴 낸 곳 | 도서출판 동연
등   록 | 제1-1383호(1992. 6. 12)
주   소 | 서울시 마포구 월드컵로 163-3
전   화 | (02)335-2630
전   송 | (02)335-2640
이 메 일 | h-4321@daum.net, yh4321@gmail.com
블 로 그 | https://blog.naver.com/dong-yeon-press

ISBN 978-89-6447-643-7 03040

멈춤

Be still

이경희 지음

동연

모든 것이 멈춰버렸습니다. 작은 바이러스 하나에 모두가 가던 길을 멈추었습니다. 저마다 이 작은 바이러스 이후^{포스트 코로나}의 시대를 생각합니다. 얼어버린 경기를 돌파할 신산업동력을 찾아, 멀어진 인간관계적 이음새를 찾아, 흩어진 교회 성도들을 다시 모을 프로그램을 찾아 모두가 동분서주합니다. 그러나 이때 더욱 절실히 찾아야 하는 것은 멈춰서, 나도 모르는 나의 갈망을 찾는 것입니다. 너무 바쁘고 분주한 우리 삶이 강제로 멈춰진 이때야말로, 멈춰서 나의 '갈망'을 들여다 보아야 할 것입니다.

부목사로 함께 사역하는 이경희 목사님의 『멈춤』은 독자들을 잠시 고요한 멈춤의 시간으로 초청합니다. 멈춰서 잊고 있던 내 갈망은 무엇인지, 무엇 때문에 내가 그렇게 움직이는지, 열망하는지, 달려가는지 보게 합니다. 그리고 자신을 성찰할 수 있는 힘을 기르게 합니다. 그런 '멈춤'이 '기도'가 되게 합니다. 원하기는 이 책을 읽는 독자들이 이 코로나19 국면에서 단지 '피동적^{강요된} 멈춤'이 아니라 '자발적 멈춤'으로 자신의 갈망을 성찰하고 그 속에서 발견한 에너지를 가지고 기도의 시간으로 이어가길 축복합니다.

김경진(소망교회 담임목사)

멈춤 *Be still*

기독교 작가 레티 카우먼은 아프리카에서 이런 경험을 했습니다. 첫날 여러 곳을 열심히 돌아다녔습니다. 다음 날 아침이 되었는데, 가이드들이 더이상 움직이지 못하겠다며 주저앉았습니다. 그녀는 인솔자에게 질문했습니다. "왜 아무도 길을 떠나려 하지 않습니까? 이미 돈은 지불했는데!" 그 사람은 이렇게 말했습니다. "그들은 어제 너무 빨리, 너무 멀리 이동했기 때문에 영혼이 몸을 따라 오기를 기다리는 중입니다."

우리는 너무 바쁘게 살아갑니다. 끝없이 앞으로 달려가지만 내 영혼이 충분히 따라올 수 있는 여유를 주고 있나요? 그렇지 못한 삶을 쫓기듯 살아가고 있습니다.

그 이유는 무엇인가요? 먼저는 같아지려는 마음 때문입니다. 우리는 다른 사람과 다르면 불안해합니다. 그래서 어떻게 해서든지 같아지려고 애를 씁니다. 그런데 같아지고 나면 이제는 달라지고 싶습니다. 그래서 이제는 달라지려고 애를 씁니다. 결국 우리는 다른 사람을 의식하며 사느라고 우리의 삶을 복잡하게 만드는 것입니다. 비록 사막에 홀로 있다고 해도 남들을 생각하고, 비교하고, 판단한다면 결코 고요함을 누릴 수 없습니다.

　우리는 언제 쉴 수 있을까요? 어떻게 하면 우리는 멈출 수 있을까요? 세상이 우리를 흔들어대는데 어떻게 우리가 요동하지 않고 멈출 수 있을까요? 그것은 우리를 흔드는 것보다 더 강한 것을 붙잡아야만 가능합니다. 세상보다 더 강하고 어떤 것으로도 흔들 수 없는 것은 하나님의 말씀입니다.

한자에 바를 정正자가 있습니다. 하나 일一 자 밑에, 멈출 지止 자입니다. 正 = 一 + 止, "한 번씩 멈추면 바로 갈 수 있다"라는 말입니다. 그렇습니다. 분주한 발걸음을 한 번씩 멈추면 바르게 갈 수 있습니다.

이경희 목사님이 영성에 대한 첫 작품 『멈춤』을 내놓았습니다. 멈춤의 필요성, 멈추지 못하는 이유, 멈추는 방법 등 현대인들에게 꼭 필요한 내용을 아주 쉽고 간단하게 정리했습니다. 축하드립니다. 멈추고 침묵하면 헐떡이던 우리가 하나님 안에서 숨을 쉴 수 있게 되고, 진정으로 내가 되며, 앞으로 나갈 수 있다고 강조하고 있습니다. 분주함에 쫓기는 우리에게 꼭 필요한 책이라고 생각되어 진심으로 추천합니다.

황명환(수서교회 담임목사)

사람들은 왜 행복해하지 않는가? 세계는 대한민국을 세계 최빈국으로부터 선진국으로 진입한 유일무이한 기적을 이루어낸 국가라는 격찬을 아끼지 않는데, 왜 대한민국 국민 상당수는 헬조선에서 살고 있는가? 사람들의 정신구조 안에 부지불식간에 성공과 발전코드라는 암호가 각인되어 있는 반면에, 창조주 하나님이 심어주신 멈춤코드(안식일법)는 고장났기 때문이다. 무엇이 이렇게 만들어 놓았는지를 『멈춤』의 저자는 명쾌하게 밝혀주고 있다. 저자는 그 이유를 소유지향적이고 결과주의적인 욕망 덩어리가 우리 내면의 질서를 교란하였기 때문이라고 하며 그 증거로 다양한 예들과 심리학적 이론을 제시하고 있다. 특별히 르네 지네르의 모방욕망이론에 비추어 본 성경 인물들의 욕망에 대한 분석은 독자들로 하여금 자신을 깊이 성찰하도록 한다.

　본 저서가 눈에 띄는 또 다른 이유는 그 욕망을 어떻게 만나고, 그 욕망으로부터 어떻게 자유로울 수 있는지에 대한 구체적인 방안들을 제시하고 있다는 점이다. 매우 평범해 보이는 침묵과 기도이다. 그런데 저자는 침묵이 단순한 말의 멈춤이 아니라, 자신 안에서 꿈틀거리고 있는 욕망의 실재를 관조하고 만나도록 하면서, 욕망과 자기 자신을 떼어놓도록 하는 역할에 초점을 두고 있다. 이것을 자기 성찰이라고 한다. 저자는 이 성찰을 기반으로 하는 기도를 '침묵과 기도'라는 쌍으로 이어놓고 있다. 매우 통찰력 있는 제안이다. 『멈춤』이라는 저서는 마치 헬조선으로부터 행복한 나라로 내면의 이민을 떠나고자 하는 사람들을 모집하는 듯한 충동을 느끼게 한다. 나는

이에 동의하며 진심으로 행복의 길을 떠나고자 하는 모든 사람에게
숙독 혹은 훈련용으로 기꺼이 권한다.

유해룡(모새골공동체교회 담임목사)

머리말

우리 신앙인들은 나침반과 같다. 예수님을 바라보지만 늘 흔들린다. 언제쯤 예수님 한 분만 바라볼 수 있을까? 나침반처럼, 멈추면 가능하다. 그런데 왜 나는 멈추지 못하는가? 내 안의 갈망 때문이다. 우리 인간(히브리어: 이쉬)은 그런 갈망, 불덩어리(히브리어: 에쉬)다. 그건 죄가 아니다. 문제는 내가 정말 갈망하는 것을 ―내가 멈춰서― 알아차리지 못하는 것이다. 그러니 자꾸 남의 것을 모방한다. 르네 지라르René Girard의 말처럼, 모방욕망으로 남과 갈등하고 숱한 병리현상으로 나도 괴로워하고 남의 눈에도 피눈물 흘리게 한다. 이런 모순에서 내가 정말 원하는 게 뭔지 어떻게 알 수 있을까? 멈춰야 알 수 있다. 그 멈춤의 길은 '침묵'이다. 침묵할 때, 우리의 호흡이 다시 회복되고, 내가 어디에 서 있는지, 내가 어디로 가고 싶어 하는지 그

제야 알 수 있다. 그런 멈춤과 성찰이 있는 신앙이 회복되어야 한다. 그렇지 않으면 자기 착취를 헌신이라고 여기는 신앙인, 나를 아끼지 못하고 남도 존중하지 못하는 품격 없는 신앙인이 된다. 이 멈춤은 신앙 안에서 기도와 성찰로 바뀐다. 그런 멈춤을 통한 기도와 성찰은 나를 살리고 남을 존중하며 기독교를 다시 종교가 아닌 생명으로 세우는 길이다.

여기 첫 단행본은 영적 삶의 여정을 반추하게 한다. 사람의 본을 보여주신, 지금은 천국에 계신 아버지, 기도의 삶을 살게 하신 어머니께 감사드린다. 두 분의 헌신과 기도가 없었다면 부족한 아들이 이만큼 형성될 수 없었을 것이다. 무엇보다 늘 지지해주고 깊은 영적 대화의 파트너인 아내에게 감사하다. 아내의 조력과 가정을 향한 자기 희생에 늘 고마울 뿐이다. 또한 진지하나 유쾌하고 겸손하나 자신감 있는 아들 유업, 밝고 약한 사람의 마음을 헤아릴 줄 아는 딸 유리에게도 감사의 마음을 전한다.

이 글은 2020년 대한민국 교육부와 한국연구재단의 인문사회 분야 신진연구자지원사업(NRF-2019S1A5A8032203)의 지원을 받아 수행된 연구이다. 부교역자의 목회 일정 속에서도 틈틈이 연구할 수 있도록 배려해주시고 바른 목회의 모범이 되시는 소망교회 김경진 담임 목사님과 동료인 부목사들에게도 감사를 드린다. 또한 이 조악한 원고를 받아주시고 감각 있게 만들어주신 도서출판 동연 편집부

여러분께 감사를 드린다. 부디, 이 졸고가 성공과 속도전에 휩쓸린 성도와 목회자들에게 딴지를 걸 수 있었으면 좋겠다.

2021년 1월

이경희

고요한 멈춤의 시간으로의 초대

작은 바이러스로 인해 모두가 가던 길을

멈추어야만 하는 이때,

우리가 절실히 찾아야 할 것은 무엇인가?

차 례

앨런 머스크$^{Elon\ Musk}$의 스페이스-X$^{화성\ 이주\ 프로젝트}$가 현실화된다는 뉴스가 보도되고, 쌀을 기반으로 한 식량주권만큼 데이터 주권도 중요하다는 인식이 수용되고, BME$^{Bio\ Medical\ Engineering}$를 기반한 BT 산업의 확산으로 의공학을 통한 영생불사를 꿈꾸던 인간들은 갑작스러운 손님, 코로나19$^{covid-19}$로 인해 패닉 상태에 빠지게 되었다. 호모 사피엔스$^{Homo\ Sapiens}$에서 호모 데우스$^{Homo\ Deus}$로 기어를 변속해서 가속 페달을 밟던 인류는 그만 멈춰 섰다. 신의 자리까지 넘보던 인간, 모든 것을 다 만들어낼 수 있었던 과학의 특급열차를 몰던 인간이 육안으로도 보이지 않는 한갓 작은 바이러스에 의해 멈춰 선 것이다. 과연 이 대단한 인간을 멈춰 세운 바이러스는 어디서부터 오게 된 것일까?

이러한 질병이 자주 출몰하게 되는 이유를 전문가들은 대부분 자연
환경의 변화와 인간의 탐욕에서 찾습니다. 인간의 영역이 많아지면
서 동물들의 서식지가 줄어들고, 개체수가 줄어들면서 그 동물 등
을 숙주로 하고 있었던 바이러스들이 있을 곳을 찾지 못하여서 변
이를 통해 인간에게까지, 가축들에게까지 들어온다는 관점이 있습
니다. 여기에 기후의 변화와 야생동물을 먹어보려는 인간의 욕망까
지 어우러져서 이런 재앙이 오고 있다는 것입니다.

_ 김경진 목사 주일 설교 중, 2020년 2월 9일

코로나 19와 같은 인수공통감염병의 원인은 … 지구 생명체를 무자
비하게 착취하고 파괴하는 인간 자체에 있다.

_ 장은수, 『한국의 논점 2021』 (북바이북, 2020), 7.

그렇다. 이런 감염증의 근저에는 인간의 욕망이 있다. 코로나바이
러스뿐 아니라 2020년 호주에서 일어난 대형 산불, 미국과 유럽, 아
시아의 유례가 없는 폭염과 홍수, 가뭄 등이 인간의 탐욕으로 인한
지구 온난화의 결과라는 것을 이제는 전문가뿐 아니라 범인凡人도 아

는 사실이 되었다.

마태복음 4장에 등장한 예수님은 이 탐욕과 욕망의 아이콘인 첫째 아담(창 3장)을 극복하기 위해 오신 두 번째 아담(고전 15:45, 47)이다. 창세기 3장에 등장한 사탄이 마태복음 4장에 다시 등장한다. 첫 아담의 마음에 탐심을 넣은 사탄은 두 번째 아담인 예수님에게 이 마음을 다시 넣는다. 사탄은 첫 아담인 '사람의 아들^{인자: 人子}'에게 '신의 아들'이 되라고 속삭여서 넘어트렸지만, 두 번째 아담인 예수님은 '신의 아들^{신자: 神子}'이지만 스스로 사람의 아들^{인자: 人子}이라고 여기며(마 11:19, 17:9, 18:11, 20:28; 막 10:45) 사탄이 넣는 그 탐욕의 마음을 비워내셨다. 예수님은 어떻게 그 욕망과 탐욕의 마음을 비워낼 수 있었을까?

예수님은 이 유혹이 있기 전, 광야에서 40일간 '멈춤'의 시간을 가지셨다. 내가 멈출 때, 나를 이끄는 성령님의 인도(마 4:1)를 받게 되는 것이다. 내가 멈출 때, 내 욕망이 나를 주관하지 않고, 말씀이 나를 주관하는 경험(마 4:4, 6, 10)을 하게 되는 것이다. 예수님을 넘어트리려는 사탄은 지금 우리에게도 달려든다. 우리 안의 욕망과 탐심으로 우리의 마음을 흔든다. 이 마음은 예수 그리스도로 인한 영생의 참자아에 집중하지 못하게 하고, 이기적 에고 중심의 거짓 자아에 연연하게 한다. 그런 거짓 자아가 추구하는 기준과 틀거리^{form}에 들어가려 하고 그 군집에 끼지 못하면 괴로워하거나 섭섭함과 상실감의 노예가 되어 극단적 선택까지 불사한다. 유발 하라리가 언급한 것처럼, 호모 사피엔스人子, 사람의 아들이면서 호모 데우스神子, 신의 아들의 꿈을 꾸면서 살아간다.

바울은 그런 인생을 향해 '하나님을 만날 것'을 권면한다. 어떻게 하나님을 만날 수 있는가? '예배'다! 내가 내 삶에서 하나님을 만나는 경험, 즉 예배하는 경험이 있어야 이 욕망에서 자유할 수 있다. 그래서 바울은 이 예배를 '라트레이아의 예배'[1]로 설명한다. 라트레이아의 예배는 삶에서 하나님을 경험하는 것을 의미한다. 일상의 삶에서 예수님이 어디에 계셨는가를 알아차리는 시간을 의미한다. 나의 욕망을 멈추고 자기를 성찰함을 의미한다. 그렇게 멈춰서 나를 움직이게 하는 열정의 근원을 살펴보는 시간을 의미한다. 그게 예수님으로부터 왔는지, 아니면 내 열등감과 상실감, 외로움과 분노에서 왔는지를 알아차리는 시간을 갖는 것이다. 그런 라트레이아의 예배를 가지라는 것이다.

그러므로 형제들아 내가 하나님의 모든 자비하심으로 너희를 권하노니 너희 몸을 하나님이 기뻐하시는 거룩한 산 제물로 드리라 이는 너희가 드릴 영적 예배니라(롬 12:1).[2]

그런 일상에서 주님을 만나는 '자기 멈춤과 욕망을 성찰하는 시간'
을 가지면 어떤 은혜가 있는가? 2절은 이렇게 말하고 있다.

> 너희는 이 세대를 본받지 말고 오직 마음을 새롭게 함으로 변화를
> 받아 하나님의 선하시고 기뻐하시고 온전하신 뜻이 무엇인지 분별
> 하도록 하라(롬 12:2).

이런 시간을 가지면 이 세대를 '본받지 않을 힘'을 갖게 된다. 그
리고 '변화되고, 변화시킬 힘'을 얻을 수 있다. 한국어에서는 구별되
지 않지만, 영어로 보면 '본받다'는 'to conform'이고, '변화되고'는 'to
be transformed'이다. 이 두 단어는 공통어근이 있다. 'form틀거리'이
다. '본받다conform'를 풀면 모두 함께con- 머리를 들이밀고 세상이 주는
그들의 틀거리form에 들어가려고 몸부림치는 것이다. 그런 세상을 본
받는 것이다. 40대에 '렉서*'를 타고, 50대에 '랜드로*'를 타야 성공이
라는 틀, 어떤 동네에 어떤 아파트에 살아야 성공이라는 틀, 자녀를
어떤 보딩스쿨(사립 기숙사)에 넣고, 어떤 IVY 대학에 입학시켜야 성
공이라는 틀… 이런 상위 1%만 도달할 수 있는 피라미드를 만들어
놓고 그 기준과 틀'form에 서로 머리를 들이밀고con- 들어가려는 것이
세상을 본받는con- form 모습이다.

그러나 성경은 우리가 예배할 때 변화의 선물을 받는다고 말한다. '변화되는 것' 혹은 '변화시키는 것'은 'trans-form'이다. 그따위 틀과 기준^{form}을 뒤집어 버리는 것$^{trans-}$이다. 즉 자기 멈춤과 자기 갈망을 성찰하는 시간, 즉 머물러 기도하는 시간을 가진 자는 내가 왜 세상이 주는 이런 틀과 기준, 양식, 유행과 분위기에 목말라하는지, 왜 부러워하는지, 왜 갈구하는지 알아차리게 되고 그 틀^{form}을 뒤집어^{trans} 버리게 된다. 이제 내 갈망을 찾게 된다. 남의 것을 보고 흉내 낸 남의 욕망이 아닌, 나의 진정한 갈망을 찾게 된다. 르네 지라르^{René} ^{Girard}가 언급한 남의 것을 모방해서 생기는 '욕망$^{mimetic\ desire}$'의 사람이 아니라, 내 속사람, 내 참자아의 소리를 듣게 되고, 그 알아차림으로 세상의 틀을 뒤집을 수 있는 용기를 갖게 되는 것이다. 그것이 일상에서 하나님을 만나는 라트레이아의 예배이고, 이 하나님과의 만남이 있는 자, 자기 멈춤과 성찰이 있는 자의 삶의 양태인 것이다.

이 책은 이런 나의 소박한 고백이고 바람이며 소망이다. 늘 연약한 존재인 나는 멈추고 또 멈춤의 시간을 갖는다. 그때마다 하나님의 은혜를 경험한다. 알아차린다. 내 갈망의 기저를 본다. 그리고 그 속의 초청에 응답한다. 이런 영성 훈련이 없었다면, 나는 교회 프로그래머, 목회공학도, 교회 최고경영자^{CEO}를 꿈꾸며 살았을 것이다. 그런데 주님은 자꾸 광야로 부르신다. 그리고 멈추어 나의 갈망을 보게 하신다. 그때마다 나는 고백할 수밖에 없다. "주님, 내가 믿습니다. 믿음 없는 나를 도와주십시오"(막 9:24).

1부

멈추지 못하는 세상

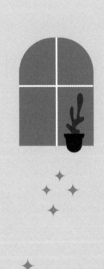

나침반과 같은 인생

 "불볕더위 속에 많은 백성이 끙끙대는 모습을 생각하니 어떻게 밥맛이 달고 잠자리가 편할 수 있겠는가?"[3] 백성을 유난히 아꼈다는 애민 군주 정조는 한여름 삼복더위에 노역하는 백성을 위해서 '척서단滌暑丹' 즉 더위를 치료하는 약 4,000정을 내렸다고 한다. 그것은 '속이 타는 자의 가슴을 축여주고 더위 먹은 자의 열을 식혀 준다'는 특효약이었다.[4] 그러나 알고 보면 더 열불 나게 하는 것은 '외부의 온도가 아니라 내 '마음의 불火'인 거 같다. 밖이 열불나면 시원한 곳으로 들어가면 되는데, 내 마음에 열불이 나면 갈 곳이 없다. 한겨울, 엄동설한에도 사람이 열받아 쓰러지는 것을 보면, 내면의 불덩이는 어떤 열보다 더 뜨겁다.

그러면 우리는 이 '내면의 불'을 다스릴 수는 없을까? 이냐시오 로욜라는 우리 안에 자꾸 열불이 나는 이유를 '불편심이 없어서 그런 것이다'[5]라고 말한다. 불편심이 무엇일까? '아 불편하다, 불편해!'의 불편不便이 아니고, '아니 부不'에, '치우칠 편偏', '편식, 편애'할 때의 '편'자이다. 즉, 어디에도 치우침이 없는 마음, 어느 것에도 흔들리지 않는 마음, 즉 진리로 인해 자유케 된 마음을 불편심不偏心이라 부른다. 이것이 없으면, 늘 우리 마음은 '편심', 어디든 쉽게 치우쳐버리는 마음, 지나치게 의존하는 마음, 무방비로 세상에 붙어버리는 마음, 그러니 그것에 끌려다니는 마음이 된다. 그렇게 편심, 치우치는 마음으로 살면, 본능적으로 강한 것을 붙들어야 나의 내면이 안정될 것 같아서 더 힘 있어 보이는 것, 더 커 보이는 것, 더 영원해 보이는 것에 늘 마음을 빼앗기게 된다. 나의 내면은 내가 주체가 되지 못하고, 환경에 이끌려 나도 잃어버린 채, 내가 어디쯤 와 있는지 알지도 못한 채, 아니 심지어, 내가 누구인지도 모른 채 질질 끌려다니게 된다.
　이런 마음을 어떤 이는 '나침반'에 비유한다. 우리도 나침반과 같이 '흔들리며 사는 인생'이라는 것이다. 늘 흔들리지만 그래도 나침반처럼 북쪽을 향해 방향은 맞춰 산다. 그러나 흔들리는 나 자신이 싫다. 세상에 흔들리는 내 마음 때문에 나도 힘들고 남도 힘들게 한다. 이제 좀 멈추고 언제나 북쪽을 가리키는 나침반처럼 뚜렷하게

멈춤 Be still

예수님만 바라보고 싶다. 그렇지만 내 현실은 늘 흔들리는 나침반처럼 세상에, 사람의 소리에, 유혹에 동요한다. 그럼 언제 이런 흔들림이 잦아지는가? 그것은 나침반의 방향추가 북쪽을 향해 멈추듯, 내가 '멈출 때' 내 마음의 흔들림도 그치게 된다. 그때, 세상에 치우친 마음, '편심'이 멈추고, 치우침이 없는 마음, '불편심'의 사람이 될 수 있다.

이런 불편심의 모습을 보여주신 분이 예수님이다. 예수님은 처음 아담이 자신의 편심 즉 자기 욕망불덩이으로 하나님과의 관계를 끊은 것을 회복하시기 위해, 둘째 아담으로 오셔서 편심을 이겨내신다. 첫 아담이 치우쳐 넘어진 세 가지 유혹(먹음직도 하고 보암직도 하고 지혜롭게 할 만큼 탐스러운 유혹들, 창 3:6)에 대해, 둘째 아담 예수님은 보란 듯 사탄의 세 가지 유혹(마 4:1-11)을 이기신다. 이제 예수의 영을 소유한 자는 이런 불편심의 마음을 소유할 수 있다. 이제 편심의 종교성을 버리고 불편심의 기독 신앙으로 살 수 있음을 예수님이 보여주셨다. 우리는 이제 예수의 영으로 인해 그런 존재가 되었다. 이제 예수님처럼 불편심 즉 세상에 치우침이 없는 자유한 존재로 살 것인가 아니면 예수님도 알고 따르고도 싶으나 치우친 마음으로 가득한 존재로 살 것인가?

마태복음 14장 1-21절은 이 두 개의 전혀 다른 길에 대해 설명하신다. 마태복음 14장에는 유명한 두 여인, "헤로디아와 살로메"가 등장한다. 헤로디아는 원래 헤롯 대왕(이 헤롯 대왕은 예수님이 태어났을 때 유아 살해를 명령했던 왕이다)의 아들인 빌립의 아내였다. 그런데 그녀는 자기 남편에게 만족하지 못하고 눈을 밖으로 돌린다. 헤로디아는 남편보다 더 멋진 남자를 만나고 싶어한다. 그러던 중, 자기 남편의 형인, 자기에게는 시숙인 안티파스^{안디바}와 눈이 맞는다.

헤로디아는 처세술이 뛰어난 남편의 형, 안티파스가 출세를 더 잘할 것처럼 보여서 남편을 버리고 시숙과 재혼을 한다. 이런 헤로디아와 안티파스의 부적절한 관계를 지적한 이가 있었으니 그가 "세례요한"이다. 마태복음 14장 3-4절이 잘 설명해주고 있다.

전에 헤롯이 그 동생 빌립의 아내 헤로디아의 일로 요한을 잡아 결박하여 옥에 가두었으니, 이는 요한이 헤롯에게 말하되 당신이 그 여자를 차지한 것이 옳지 않다 하였음이라.

이런 모든 부적절한 관계, 엄마의 야심, 권력 욕망을 잘 지켜보고 배운 여인이 있었다. 그녀가 바로 헤로디아의 딸, 살로메다. 살로메는 어머니 헤로디아의 영향 때문인지는 몰라도 남다른 남성관을 가지고 있었다. '나는 어머니가 택한 의붓아버지보다 더 멋진 남자를 소유할 거야.' 그리고 온 유대 땅을 돌아본다. 그런데 어디 공주의 눈에 들어오는 남자가 있겠는가! 공주 주변엔 늘 간신처럼 교언영색[15] 巧言令色하는 남자들밖에 없었다.

그런데 이 여자의 눈에 딱 한 남자가 눈에 들어왔다. 바로 세례 요한이다. 거친 광야에서 약대 털옷을 입고 세상 부귀 거들떠보지 않는 이 남자야말로 헤로디아가 늘 꿈꿨던 나쁜 남자, 쿨한 남자, '옴므 파탈'이다. 살로메는 이 세례 요한에게 야성미를 느낀다. 그의 우렁찬 목소리와 권력 상층 심장부를 향해 던지는 날카로운 메시지 그리고 그의 메시지에 많은 사람이 회개하는 모습에 살로메는 홀로 가슴 뛰는 밤을 보내야 했다. 그런데 세례 요한은 이런 여자에게 관심이 없다. 그럼에도 살로메는 세례 요한에게 계속 사랑을 구애한다. 결국 받아들여지지 않자 살로메는 세례 요한을 감옥에 가둔다. 그리고 계속 찾아가서 사랑을 고백하지만 거절당한다. 이내, 살로메는 무서운 생각을 하게 된다. '내가 그를 죽여서라도 내 품에 품으리라.' 거사의 날은 헤롯 안티파스의 생일날이다. 살로메는 의붓 아버지인 안티파스 앞에서 사람을 홀리는 7개의 베일 춤을 추고, 의붓아버지의 정신을 쏙 빼놓는다. 살로메의 뜻대로 얼큰하게 취한 헤롯 안티파스는 이렇게 허언을 한다. "살로메! 무엇을 원하느냐? 나라의 절반이라도 주겠다." 그때 살로메는 세례 요한의 목을 달라고 요청한다. 세례 요한의 목이 잘린 채로 은쟁반에 담겨서 살로메에게 전해지자, 살로메는 피가 뚝뚝 떨어지는 요한의 머리채를 잡고 강렬한 키스를 퍼붓는다. 이 이야기는 마태복음 14장 3-4절 본문의 내용을 근거로 쓰인, 영국의 작가 오스카 와일드Oscar Wilde의 〈살로메〉라는 희곡6이다.

본문은 오스카 와일드뿐 아니라 우리에게도 익숙하다. 본문에 등장하는 세 사람 즉 헤롯 안티파스, 헤로디아, 살로메, 이들의 탐욕이 얼마나 활활 타고 있는가를 잘 보여주고 있다.7 먼저 세례 요한을 죽이라 명령한 헤롯 안티파스는 헤롯 대왕(예수님 때 유아 살해를 명령한 왕)과 사마리아 여인 사이에서 태어났다. 어머니가 사마리아 여인이었다는 것 때문에 헤롯 안티파스는 평생 주홍글씨를 안고 살아야 했다. 유대인이 상종도 하지 않는 사마리아 여인의 아들, 안티파스는 어린시절에 그런 아픔이 있었다. 아버지 헤롯 대왕 역시 유대 출신이 아닌 이두매 출신이면서 유대 땅의 왕이 되었기 때문에, 로마 황제 시저의 비위를 맞춰야 했다. 그래서 헤롯 대왕은 그의 아들 중 한 사람을 로마에 볼모로 맡겨야 했는데, 그 볼모가 된 사람이 헤롯 안티파스였다. 헤롯 안티파스는 어린 시절, 아버지의 야망 때문에 부모와 떨어져 오랜 시간 홀로 보내야 했다. 마치 병자호란 당시, 인조(조선 제 16대 임금)가 삼전도三田渡에서 치욕스럽게 머리를 땅에 찧으며 청 태종에게 굴복하고 소현세자를 볼모로 청나라에 보내야만 했던 일과 비슷한 맥락이다. 먼 이국 땅에서 부모와 떨어졌던 소현세자의 마음이 어떠했을까? 헤롯 안티파스도 그러했을 것이다. 헤롯 안티파스는 아버지 헤롯 대왕이 죽은 후, 갈릴리 지역의 분봉 왕이 되었지만 그는 평생 로마 황제 시저의 눈치를 보며 살아간다. 그런 연유로 그는 갈릴리 서쪽 해안 휴양지에 도시를 건설하고, 당시 로마 황제인 티베리우스에게 헌납하기 위해, '디베랴'라는 도시를 만들어 봉헌했다.

그의 아내, 헤로디아는 어떤 인물인가? 헤로디아는 총 두 번의 결혼을 한다. 재혼이 판단 받을 일은 아니다. 그러나 그녀의 결혼은 완전히 계산된 것이었다. 첫 번째 결혼은 헤롯 대왕의 차기 대권 후보인 삼촌 헤롯 빌립과 한다. 여기서 살로메를 낳게 된다. 그런데 이 여자, 헤로디아는 눈치를 챈다. 이 남자, 빌립은 무능하구나. 그리고 남자를 갈아탄다. 바로 유능한 안티파스. 이렇게 상처와 욕망으로 똘똘 뭉친, 안티파스와 헤로디아에 대해 세상은 침묵했지만, 세례 요한이 비판한다. 마침내 이들은 껄끄러운 세례 요한을 처형시키고 자신의 탐욕 왕국을 완성해 나간다. 14장 6절부터 11절 말씀이 이 왕가의 탐욕을 잘 설명해주고 있다.

마침 헤롯의 생일이 되어 헤로디아의 딸이 연석 가운데서 춤을 추어 헤롯을 기쁘게 하니, 헤롯이 맹세로 그에게 무엇이든지 달라는 대로 주겠다고 약속하거늘, 그가 제 어머니의 시킴을 듣고 이르되 세례 요한의 머리를 소반에 얹어 여기서 내게 주소서 하니, 왕이 근심하나 자기가 맹세한 것과 그 함께 앉은 사람들 때문에 주라 명하고, 사람을 보내어 옥에서 요한의 목을 베어, 그 머리를 소반에 얹어서 그 소녀에게 주니 그가 자기 어머니에게로 가져가니라.

헤롯 안티파스, 헤로디아, 그리고 살로메… 이들의 공통점은 무엇일까? 권력자? 맘만 먹으면 세상에 자기 맘대로 못할 것이 없는 자? 이들은 자신의 내면이 불안하기에, 헛된 소유욕으로 치우친 편심으로 가득한 자들이다. 그것이 헤롯 안티파스처럼 성장 과정에서 형성되었든, 아니면 헤로디아처럼 결혼을 통해 만들어졌든, 아니면 살로메처럼 부모에게 학습되어 자기 것이 되었든, 그들은 세상의 것을 다 가진 사람들처럼 보였지만, 한없이 깨지기 쉽고 흔들리기 쉬운 사람들이다.

자신의 내면이 약하니, 치우치기 쉬우니, 내면의 약함을 들키지 않기 위해, 어떤 공격에도 깨지지 않기 위해, 자신을 더 두껍게 포장한다. 내 얼굴의 주름을 보이지 않기 위해 더 두껍게 화장을 하듯, 그렇게 내 자신을 감추고 헛된 것으로 채우려 한다.

이런 사람들의 특징은 무엇인가? 내면이 약한 사람들의 특징은 먼저, '심화深化'가 아닌 '강화強化'에 목적을 둔다. '심화', 하나님 앞에서 자신의 민낯이 드러나도 좋으니, 침잠히 머물며 나도 못 봤던 내 내면의 어그러짐과 '생얼'을 직면하지 못한다. 두려워한다. 그래서 자신의 내면을 관조하는 '심화'의 시간이 없다. 잠잠히 머물러 자신을 성찰하기보다 더 큰 목소리로 사람들에게 자신을 알린다. 더 바쁘게 살아야 불안하지 않기 때문에 분, 초 단위로 정신없이 살아가며, 더 찐한 농담으로 사람들의 정신과 혼을 빼놔야 자신의 존재감을 인정받는다고 믿기에, 사람들과 하나님 앞에 자신을 더 강하게 만들어간다. '심화'의 시간을 갖지 못한 채, 자신을 '강화'하기만 급급하다. 이런 사람들의 삶에는 쉼표가 없다. 침묵이 없다. 내가 멈출 때 비로소 일하시는 하나님을 만나지 못하고, 그저 남보다 빨리 더 높이, 더 멀리, 더 많이 갖기 위해 경쟁적으로 살아간다. 이렇게 자신을 강화하는 것이 얼마나 스스로 건조하게 하고 남을 지치게 하는지, 아무런 문제의식을 느끼지 못한 채 말이다.

또 내면이 약한 사람들은 어떤 특징이 있는가? 이런 사람들은 결과 지향적 사람이다. 과정의 실패는 저주라 생각하고, 늘 '한 방에' 잘 익은 결실만 탐닉하려는 사람들이다. 언젠가 한 스포츠 캐스터의 멘트가 SNS에서 회자된 것을 기억한다. 그 캐스터는 이렇게 발언을 했다. "아 안타깝게도, 금메달 후보였던 여자유도 김OO 선수가 8강 진출에 좌절되었습니다. 괜찮습니다. 국민 여러분, 우리에게는 곧 금메달을 안겨 줄, 다음 박OO 선수가 기다리고 있습니다." 아깝게 8강 진출에 좌절한 김OO 선수가 4년 동안 얼마나 많은 땀을 흘리고 고군분투했는지에 대한 과정은 싹 생략한 채, 그저 선수들의 가치를 금메달을 따는 기계로 전락시키는 캐스터의 발언은 우리가 얼마나 결과 지향적인지 보여주고 있다.

우리는 강화 지향적인가, 심화 지향적인가? 우리는 과정 지향적인가? 결과 지향적인가? 그럼, 어떻게 이 약하고, 불안한 내면의 늪에서 나올 수 있을까? 우리나 헤롯 일당이나 별 다를 바가 없을 거 같은데, 어떻게 그 덫에서 나올 수 있을까? 마태복음 14장 13절은 그 실마리를 제시하고 있다.

예수께서 들으시고 배를 타고 떠나사 따로 빈들에 가시니 무리가 듣고 여러 고을로부터 걸어서 따라간지라.

위 말씀에 보면 예수님은 헤롯 왕궁에서 어떤 일이 있었는지 다 들으셨다. 겉은 화려하고 모양은 그럴듯해도, 아무런 생명이 없는 그곳, 내면은 쉽게 흔들리고 깨지고 쉽고 추하기에, 자신을 들키지 않으려고 더 두꺼운 분칠을 하는 헤롯 왕궁을 뒤로하고 예수님은 빈 들로 가신다.

그렇다. '빈들로 나아가는 것', 그것이 세상의 기준과 잣대로 가득한 헤롯 왕궁과 같은 세상에서 거슬러 올라갈 수 있는 예수님의 비결이다. 공관복음 기자들은 모두 헤롯 왕궁에서 일어난 세례 요한의 처형 사건 후에 바로 예수님의 광야 행을 기술한다. 마태복음 14장, 마가복음 6장, 누가복음 9장 모두 똑같다. 성경은 무엇을 독자에게 말하는 것일까? 성령 하나님은 독자들을 초청하고 있다. 좀 보라는 것이다. 대조시켜 보여주는 것이다. 내면이 약해 쉽게 치우치고, 자기를 강화시키는 헤롯 일당들의 스토리를 12절을 할애해서 전반부에 기록하고, 내면의 평안과 불편심, 안정감을 갖고 계신 예수님의 이야기를 10절에 할애해서 그다음에 기록하면서 두 장면을 오버랩시킨다. 그리고 우리를 초청한다.

어느 부류로 살 것인가? 불안한 내면을 가린 채, 더 많이 가지면, 더 높이 오르면, 더 잔인하게 사람들을 무시하면 ─마치 헤롯 왕궁의 사람들처럼 살면─ 내가 완성될 줄 아는가? 그렇게 계속 나도 죽고, 다른 사람도 죽이며 살 것인가? 아니면 예수님처럼 깊은 평안과 흔들리지 않는 안정감으로 하나님의 나라를 경험하며 살 것인가?

그러면 어떻게 예수님처럼 살 수 있을까? 예수님은 '빈 들'로 표현한 '광야'로 나가셨다. 이것이 답이다. 광야다. 필자가 이스라엘에 가보니 광야에는 두 가지가 없었다. 먼저는 길이 없었고, 그다음은 물이 없었다. 가도 가도 길이 없고, 가도 가도 물이 없다. 대신 마태복음 4장 14-15절에 보니 두 가지가 있다.

예수께서 나오사 큰 무리를 보시고 불쌍히 여기사 그중에 있는 병자를 고쳐 주시니라. 저녁이 되매 제자들이 나아와 이르되 이곳은 빈 들이요 때도 이미 저물었으니 무리를 보내어 마을에 들어가 먹을 것을 사 먹게 하소서.

먼저는 '불쌍한 사람들'이 있었고, 그다음은 '먹을 것이 없는 현실'이 있었다. 이것이 광야다. '아니, 뭐야? 교회 다니면 좋다며? 예수 믿으면 좋다며? 결국 이 광야로 이끌어서 우리를 힘들게 하려고?' 그렇다. 예수님 안에는 우리가 아는 그런 복은 없다. 그런 복을 조장하는 교회는 교회 간판을 단 점집이요, 무당집이다.

히브리 문학에서 '복베레크'이라는 단어의 원래 뜻은 무엇일까? 어떤 단어든 뿌리어가 있고 파생어가 있다. 예를 들면, '은행'이라는 단어 bank도 원래 의미는 '둑', '제방'의 의미에서 파생된 것이다. 그래서 은행bank은 '둑, 제방이 있어야 물을 모아놓을 수 있는 것처럼 재화를 모아놓는다'라는 의미이다. 이것처럼 원래 의미를 알면, 단어가 파생되어도 그 의미를 놓치지 않게 된다. 히브리어 '복'이라는 단어의 '베레크'는 '바라크'라는 단어에서 왔는데, 뜻은 '무릎을 꿇다'이다. 히브리 정신은 무릎을 꿇는 순간이 복이라는 말이다. 즉, "주님, 내겐 스스로 살아갈 길이 없고, 이 갈한 심령을 해결할 물도 없습니다. 그래서 주님만 의지합니다!"라고 무릎을 꿇을 때, 예수 그리스도를 구원자로 만나는 복이 임한다는 것이다. 그래서 성경의 복은 내가 무릎을 꿇을 수밖에 없는 사건을 만나거나, 내 머리 위에 절대자 하나님이 계신 것을 알고 날마다 무릎을 꿇고 살아가는 것이 복이라고 말하고 있다.

그 맛을 보면, 세상이 주는 막대사탕 같은 일시적인 복은 있으나 없으나 아무런 의미가 없다는 것을 알게 된다. 그런 의미에서 광야로 나아가는 것은 복 중에 복이다. 문제는 대다수의 사람이 그 광야에 복이 있다는 것을 알면서도, 나가기 싫어한다는 것이다. 그래서 하나님이 '밀어 넣어주신다.' 그 의미를 좀 알라는 것이다. 그래서 우리를 참 불쌍하게 만든다. 사람들에게 참 가엾은 사람이라는 소리를 듣게 하신다. 참 창피하게 만든다. 쪽팔리게 만든다.

왜? 광야로 내모시나? 자꾸 우리는 이상한 환상에 빠진다. 우리의 신앙이 계단식으로 성장한다고 믿는다. 성경 공부 한 단계 마치면,

금식기도 40일 하면, 선교 한 대륙씩 찍고 오면 신앙이 차곡차곡 성장한다고 믿는다. 그러나 그런 기독교는 없다. 언제 우리가 성장하는가? 언제 우리가 하나님을 깊이 만나는가? 바닥을 치면 성장한다. 무릎을 꿇는 상황이 되면 하나님을 만난다. 광야에 들어가 두 손, 두 팔 다 벌리고 "주여 난 답이 없습니다. 내가 어느 길로 가야할 지 모르고, 내 갈한 심령을 채울 물도 없습니다. 주여, 내 발에서 신을 벗습니다"라고 고백하면 그때 하나님이 일하시고 하나님을 만난다. 내가 죽을 때, 하나님을 깊이 경험한다. 그때, 눈에 비늘이 벗겨진다.

세상은 소유욕으로 가득한 인간을 '비저너리^{visionary}'라고 추켜세운다. 하루하루 하나님의 뜻을 묻고 하나님의 임재가 어디에 있는지 관조하며 살아내는 것보다 내 뚜렷한 계획과 야망을 '비전'이라고 속인다. 지금 자기에게 임하는 하나님의 소리보다는 세상 처세에 능한 사람을 꿈꾸며 살아간다. 심지어 교회에서도 내면의 심화가 아닌 외면을 더욱 강화하고 뺀지르르 꾸미는 것에 혈안이 되어, 성공이라는 이데올로기가 교회를 지배하고 있다. 그래서 목사나 장로, 권사, 집사나 청년, 너나 할 거 없이 헤롯 일가와 같은 로열패밀리 되기를 사모한다. 더 높아지고, 더 화려해지고, 더 박수받는 것이 하나님의 뜻이고 사명이라고 착각한다.

그러나 예수님은 늘 빈들에 나가셨다. 그리고 그 광야로 나온 자들을 보시고 같이 가슴 아파하시고, 같이 호흡하셨다. 세상에서 실패자들처럼 보이는 자들을 들어서 지금까지 하나님 나라를 이어오셨다. 왜? 그 빈들에 나온 자들은 자기를 비운 자들이기에 하나님이 일하실 수 있기 때문이다.

2장

어두운 밤을 지나

광야가 주는 외로움, 저녁이 주는 어두운 밤을 지나야 비로소 자신을 깊이 만나는 신비를 깨닫는다. 그러나 사람들은 땅거미가 지고 어둠이 내리는 밤을 예나 지금이나 경계의 대상이라고 생각한다. 성경에서도 '밤'은 건조함과 외로움과 고통의 시간으로 자주 묘사하고 있다. 욥기 36장 20절에는 "(엘리후가 말하되) 그대는 밤을 사모하지 말라 인생들이 밤에 그들이 있는 곳에서 끌려가리라"라고 말하고 있고, 로마서 13장 12절은 "밤이 깊고 낮이 가까웠으니 그러므로 우리가 어둠의 일을 벗고 빛의 갑옷을 입자"라고 말하며, 밤은 '어둠과 죄의 자리'로 표현되고 있다.

그러나 성경 전체가 밤을 부정적으로 표현한 것은 아니다. 밤은 하나님이 일하시는 '시작'이요 하나님을 만나는 '절묘한 타이밍'임을 말하는 구절들이 성경 곳곳에 있다. 이것은 어떠한가? 우리가 잘 아는 구절인 '태초에 하나님이 천지를 창조하시니라(창 1:1). (중략) 하나님이 이르시되 빛이 있으라 하시니 빛이 있었고, 빛이 하나님이 보시기에 좋았더라(창 1:3). (중략) 아침이 되고 저녁이 되니 이는 첫째 날이니라.' 맞는가? 성경은 '아침이 되고 저녁이 되니 이는 첫째 날이니라'라고 말하지 않고, '저녁이 되고 아침이 되니 이는 첫째 날이니라'라고 말하고 있다. 즉, 하루의 시작은 동트는 시점, 아침이 아니고 저녁 즉, 밤부터가 하루의 시작이라는 말이다. 실제로 유대인들의 안식일이 토요일인데, 그날의 시작이 토요일 아침이 아니고, 금요일 저녁부터이다. 왜? 하루의 시작은 저녁부터기에 그렇다.

우리네 인생들은 내가 등장하는 그때, 그 아침에 나를 위해 환한 태양이 떠오르기를 기대하며 삶의 무대에 오른다. 환하게 떠오르는 태양, 서치라이트, 박수갈채가 나를 향해만 쏟아지고 비춰주기를 기대하며 살아간다. 조금만 참으면 나를 위해 빛나는 해가 떠오르는 밝은 아침이 올 것으로 기대한다. 그러나 성경은 인생의 시작이 '환한 해가 떠오르는 아침'이 아니라, '외로움과 오해와 어둠으로 가득한 밤'이라고 분명히 말하고 있다. 어두운 밤을 보내야 나만의 아침이 온다는 것이다. "저녁이 되고 아침이 되니 이는 첫째 날이니라"(창 1:5).

창세기 47장에는, 홀로 어두운 밤을 맞고 있는 한 주인공이 있다. 야곱이다. 야곱처럼 고단한 인생을 보낸 사람이 없다. 오죽했으면 인생 말년에 그는 바로^{파라오} 앞에 서서 "(나는) 우리 조상의 나그네 길의 연조에 미치지 못하나 (나는) 험악한 세월을 보내었나이다"(창 47:9)라고 회고한다. 그의 인생은 늘 고난의 연속이었다. 팥죽 한 그릇으로 시작된 형과의 틀어진 관계가 급기야 장자의 축복을 가로채는 일로 진화하였고, 형의 살기 어린 복수를 피해 외삼촌 라반의 집으로 피해야만 했다. 그러나 자기보다 몇 배 사기 고수인 외삼촌 밑에서 20년간 노예 아닌 노예로 살아야만 했다. 어린 소년이 부모를 떠나 타향살이도 고욕인데, 그 집에서 속고 속이는 긴장과 배신의 시간을 보내야만 했다. 집이 그리워 이제 고향으로 돌아온다. 역시 외삼촌 라반은 순순히 보내주지 않는다. 도망하듯 줄행랑을 쳤지만 라반에게 붙들리게 되는 수모도 당한다. 겨우 라반의 손아귀에서 벗어나 고향 땅 근처까지 도달하자 이제는 형 '에서'가 그를 기다린다. 그러나 형이 내건 현수막은 "welcome back"이 아닌 "revenge back," 즉 환영의 기다림이 아닌 복수의 기다림이다. 창세기 32장 6-7절은 이렇게 말한다.

사자들이 야곱에게 돌아와 이르되 '우리가 주인의 형 에서에게 이

른즉 그가 사백 명을 거느리고 주인을 만나려고 오더이다.' 야곱이 심히 두렵고 답답하여 자기와 함께 한 동행자와 양과 소와 낙타를 두 떼로 나누고, 이르되 '에서가 와서 한 떼를 치면 남은 한 떼는 피하리라.'

야곱은 20년간 집을 그리워했고, 집에 돌아갈 생각만 하며 라반의 손아귀에서 벗어났는데, 기다리는 것은 20년간 복수의 칼을 갈고 있던 '에서의 군대'였다. 야곱은 두려웠다. 그래서 그는 에서에게 선물 꾸러미를 잔뜩 보낸다. 창세기 32장 14-15절은 선물 목록이다.

암염소가 이백이요 숫염소가 이십이요 암양이 이백이요 숫양이 이십이요 젖 나는 낙타 삼십과 그 새끼요 암소가 사십이요 황소가 열이요 암나귀가 이십이요 그 새끼 나귀가 열이라.

이 정도면 고대 문헌 중 가장 많은 조공을 바쳤다는 주전 9세기 힌다누^{Hindanu} 성읍이 '앗수르 왕 투쿨티-니누르타 2세에게 바친 양 즉 은, 떡, 맥주, 낙타 30마리, 황소 50마리, 나귀 30마리'보다 더 많은 양이다.[8] 야곱이 얼마나 형의 복수를 두려워했는지 알 수 있다. 인생 중 어찌 이런 기구한 인생이 있을까?

더 가관인 것은 그럼에도 바뀌지 않는 야곱의 성향이다. 아니, 이 정도 고난의 시간을 보냈으면 좀 너그러워지거나, 가족 중심적이거나, 다른 사람을 품을 그릇이 되어야 하는데 형 에서를 만나는 순간 자기는 뒤로 쏙 빠지고, 가족들만 먼저 형이 있는 쪽으로 보낸다.

(야곱은) 그들을 인도하여 시내를 건너가게 하며 그의 소유도 건너가게 하고, 야곱은 홀로 남았더니…(창 32:23-24).

참, 대단하다. 그는 끝까지 '자기중심적'이다.

그러나 야곱은 앞에서 열거한 그의 인생 속에서 하나님을 못 만난 것이 아니다. 그는 누구보다 잊지 못할 하나님 만남의 경험이 있다. 형 에서의 살기 어린 칼날을 피해 외삼촌 라반의 집으로 도망할 때, 야곱은 '한밤'에 하나님 만나는 체험을 한다. 그 경험이 얼마나 진하면, 찬송가 338장 가사로도 있다. "내 고생하는 것 옛 야곱이 돌베개 베고 잠 같습니다." 그게 28장 11절부터의 내용이다.

(야곱이) 한 곳에 이르러 해가 진지라. 거기서 유숙하려고 그곳의 한 돌을 가져다가 베개로 삼고 거기 누워 자더니,… 여호와께서 그 위에 서서 이르시되, '나는 여호와니 너의 조부 아브라함의 하나님이

요 이삭의 하나님이라'(28:11-13).

야곱은 분명 하나님을 만났다. 그러나 20년이 지난 지금, 야곱은 하나도 바뀌지 않은 듯 보인다.

여기에 우리의 딜레마가 있다. 왜 바뀌지 않는 것일까? 왜 내 죄는 없어지지 않는 것일까? 왜 이런 연약함은 내 안에서 박멸되지 않고 또아리를 틀고 빠져나올 생각을 하지 않는가? '목사님, 기도해도 왜 질투심, 열등감, 미움이 사라지지 않나요?'라는 질문을 던지곤 한다.

내게도 그런 연약함의 시간이 있었다. 중학생 시절, 기도하시는 어머니 손에 이끌리어 산기도를 다녔다. 그때는 산기도가 유행이었다. 지금은 북한산으로 알려진 삼각산(인수봉, 만경대, 백운대가 뿔처럼 높이 솟았다고 해서 삼각산)에 1m짜리 김장 비닐 봉투와 무릎 깔개로 쓸 스티로폼 방석을 손에 들고 집 앞에서 버스를 탔다. 어디로 가는지 알 수 없는 행렬에 이끌리어 능력 봉, 통일 봉, 지금은 알 수 없는 자기들만의 봉우리로 이끌려 소나무 앞에 자리를 잡았다. 어머니의 명령은 단 하나였다. "이 소나무를 뽑아라." 나는 스티로폼 방석을 무릎에 대고, 통 비밀 봉투 윗 단을 묶어 뒤집어쓰고 소나무를 부여잡았다. 그리고 '주여' 삼창을 하며 기도했다. 기도 제목은 단 하나, '나의 죄를 용서해주옵소서.' 중학생 시절, 무슨 죄가 그리 많았던지 어머니에게 배운 대로 그렇게 기도를 했다. 다윗이 고백했던 기도문처럼, "주여 나의 죄를 도말塗抹하여 주옵소서"(시 51:1). 정말, 기도할 때는 전투적으로 했다. 도말이다. "내 죄를 도륙하고 말살시켜 주시옵소서." 그렇게 기도했다.

그런데 며칠이 못 되어 다시 내 안에 미움, 원망, 교만이 싹 트는 것을 바라보며 다시 넘어지는 자신을 발견했다. 그리고 딜레마에 빠졌다. '뭐지? 정말 열심히 기도했는데, 왜 이 죄가 없어지지 않는 거야? 좀 더 크게 '주여!'를 외쳐야 하나?' 그러면서 다음주에 다시 어머니와 함께 능력 봉에 올랐다. 그런데 어느 날, 나는 깜짝 놀랐다. 내가 그렇게 붙잡고 외쳤던 기도문 "주여 나의 죄를 도말하여 주옵소서"의 '도말'이 '도륙하고 말살하다'의 도말이 아니라, "도말塗抹"이라는 것이다. 이 도말이 무슨 뜻인가? '도'는 '칠할 도塗'이다. 도장 공사, 도료painting의 의미이다. '말'은 '바를 말, 칠할 말抹'이다. '주민등록 말소'할 때 빨간펜으로 '칠'한다. 즉, 하나님은 우리의 죄를 '도륙하고 말살하시는 것'이 아니라, 죄는 그대로 있고 예수님의 피로 도말 즉, 칠하고 발라 주시며 죄가 없다고 여겨주시는 것이다. 그게 칭의이다. 예수님을 믿고 하나님의 자녀가 되나 내 안의 연약함(분노, 나태, 게으름, 불만, 정죄 등)은 계속 나를 붙들고 있다는 것이다. 그러나 예수의 보혈이 더이상 그것에 묶이지 않도록 완전히 덮어주셨다. 주민등록 말소되면 없는 사람이다. 이름은 있지만 그 이름 위에 다른 색으로 도말하면 그 존재는 죽은 것이다. 우리가 예수 그리스도 이름을 부르는 순간, 그리스도의 보혈이 우리의 죄를 도말해주셨다는 것이다.

이제는 우리가 자꾸 죄를 묵상하면서 '나는 안 되는 놈이다'라고 좌절에 빠지는 게 아니라 '나는 연약하지만, 이제 예수님의 보혈이 나를 덮고 있다. 그 보혈을 의지하자'라고 자기를 받아들이는 것이다. 하나님의 은혜는 지긋지긋한 죄를 없애주시는 게 아니라, 그 '있는 죄'보다 더 큰 '하나님의 사랑'이 나를 덮고 있다는 것이다. 내 죄보다 하나님 은혜가 더 크다는 것이다. 그게 도말塗抹의 은혜다.

그렇다면 어떻게 해야 나의 죄보다 더 큰 하나님의 사랑을 묵상할 수 있을까? 그래서 하나님이 사랑하시는 사람에게 필요한 만큼 가장 적절하게 어두운 밤을 주신다. 죄와 동거하지만 이 죄에 눌리지 않고 하나님의 은혜에 들어가는 비결은, '밤'에 하나님을 만나는 것이다. 하나님은 야곱에게 또 '한 마디의 밤'을 주신다. 때는 형을 만나기 직전이다.

그 예물은 그에 앞서 보내고 그는 무리 가운데서 밤을 지내다가, 밤에 일어나 두 아내와 두 여종과 열한 아들을 인도하여 얍복 나루를 건널 새(창 32:21-22).

본문은 두 번이나 하나님이 '밤'에 야곱을 만남을 말하고 있다.

하나님은 야곱을 그냥 '이스라엘'로 만들 수 없었다. 하나님의 목적은 외삼촌 라반 집에서 숙련한 기술로 세상을 살게 하는 것이 아니었다. 속이고 속여 뺏어온 재산이 그를 이스라엘 되게 해서는 안 되었다. 팥죽 한 그릇에서 시작하여 외삼촌까지 속인 진화된 꾀로 야곱을 이스라엘로 만들 수 없었다. 하나님의 사람들은 그런 세상의 기술로 승승장구하는 사람들이 아니다. 하나님의 사람들은 '고난의 시간, 아픔의 시간, 외로움의 시간, 오해의 시간'인 '어두운 밤'을 통과해야 야곱에서 이스라엘이 되는 것이다.

십자가의 요한이 쓴 『어두운 밤』이라는 책이 있다. 여기서 '어두운 밤'을 이렇게 설명한다.

하나님께서는 영혼들을 어두운 밤에 두시고 이 모든 불완전을 깨끗이 씻기시고 앞으로 이끌려 하시는 것이다.[9] 사실 이 어두운 밤은 각 사람의 능력과 필요에 따라 사랑과 지혜를 동시에 주면서 영혼을 비춰주고 영혼을 무지에서 정화시켜 준다.[10]

하나님은 이 어두운 밤을 통해 전부이신 당신을 주시고, 영혼 자체를 무로 돌리는 구도자의 영적 투쟁을 통해 하나님 당신을 드러내신다.

이렇게 어두운 밤을 보낸 야곱, 허벅지 관절이 탈골되는 어두운 밤을 보낸 야곱이 얻은 것은 '이스라엘'이라는 새 존재다.

> 그가 이르되 네 이름을 다시는 야곱이라 부를 것이 아니요 이스라엘이라 부를 것이니 이는 네가 하나님과 및 사람들과 겨루어 이겼음이니라(창 32:28).

이렇게 하나님은 어두운 밤을 보낸 자에게 새 존재로 거듭나게 하신다. 이런 어두운 밤을 보낸 자는 비로소 진짜 아침 해를 즐길 수 있다.

> 그가 브니엘을 지날 때에 해가 돋았고 그의 허벅다리로 말미암아 절었더라(창 32:31).

해는 늘 떠오른다. 그러나 칠흑 같은 밤을 지나보지 않고는 아침의 일출이 얼마나 아름다운지 알 리가 없다. 가장 어두운 밤을 보낸

자는 나만을 향해 떠오르는 아침의 의미를 알 수 있다.

그러나 세상은 이 '어두운 밤'의 시간을 저주라고 간주한다. 불나 방이 되어서라도 좋으니 더 밝은 빛을 향해 '어둠' 없이 달려가는 것이 '성공'이라고 부추긴다. 아이도, 어른도, 심지어 교회도 성장 노이로제에 걸린 환자처럼, 근육 촉진제에 의지하고 심지어 프로포폴을 투여해도 좋으니, '밤'이 주는 성찰과 자기 점검과 돌아봄의 시간보다, '낮'의 화려함과 박수갈채를 욕망하라고 부추기고 있다.

우리는 어느 시간을 보내고 있는가? 인생은 직진이라서 잘 보이고 잘 달릴 수 있는 낮의 시간만 사모하고 있는가? 아니면 많이 외롭고, 건조하고, 잘 보이지 않아 답답한 밤의 시간도 믿음으로 이겨내고 있는가? "왜 내 기도만 응답되지 않는 거야, 다 잘 되는 거 같은데 왜 나만 안 되나? 이 어둠의 터널은 언제 끝나는 것인가?" 야곱은 자기 꾀와 융통성 있는 성격과 기민한 사술로 '낮의 황태자'처럼 자수성가했지만, 하나님은 그를 '어두운 밤'으로 초대하셔서 '야곱'에서 '이스라엘'로 만드신다. 그래야, 아침에 뜨는 해의 의미를 제대로 알 수 있기 때문이다.

하나님이 이르되 네 이름을 다시는 야곱이라 부를 것이 아니요 이스라엘이라 부를 것이니(창 32:28).

멈춤 *Be still*

지금은 볼 수 없지만, 예전에는 우리도 우물을 파서 식수를 해결하곤 했다. 그런데 이 우물은 언제 파는 줄 아는가? 비가 많이 와서 물이 많은 7, 8월일까? 아니다. 오히려 반대로 비가 많이 오지 않아 물이 가장 없는 2월 말에 판다고 한다. 그래야 가물어도 물을 얻을 수 있기 때문이다. 가장 가물고 건조하고 메마른 그때가 우물을 파는 최적기라는 것이다. 우리 영혼도 마찬가지가 아닐까 생각한다. 가장 건조하고 어두운 시간에 만난 하나님은 영혼의 샘물 같아서, 언제든지 퍼 올릴 내 영혼의 생수가 되는 것이다.

3장

슈필라움(자기 틀)에서
스피리추얼 라움(영적 자리)으로

메마른 광야에서 말씀하시는 하나님의 초대를 거부하면 할수록, 어두운 밤의 시간에 만나는 하나님을 거부하면 할수록, 허영과 거짓 자아에 묶이게 된다. 이것은 곧 자기 피로요 자기 우울이다. 이 '자기 틀'에서 나올 때, 참자아를 찾을 수 있다.

성수동에 '파란 병Blue bottle'이라는 이름의 카페가 생겼다. 그런데 그 커피 한 잔을 마시려고 젊은이들이 3-4시간은 기본으로 줄을 서는 진풍경이 벌어졌다. 그렇게 줄을 서서 하는 것이라곤, 친구들과 수다를 떨거나 파란 병 로고가 찍힌 상호와 셀피를 찍어 인터넷 가상공간에 올리는 것뿐인데, 어떤 젊은이들은 이 수고를 마다하지 않는다.

조금은 이해할 수 없는 이런 현상을 어떻게 설명할 수 있을까? 어떤 이는 이런 현상을 '슈필라움 신드롬'이라 명명한다. 독일어 '놀이'라는 뜻의 '슈필spiel'과 '공간/장소라는 뜻의 '라움raum'이 합쳐져서 만들어진 단어가 '슈필라움'이다. 이 말인즉슨, 인간은 '내 마음대로 할 수 있는(놀 수 있는) 최소한의 공간을 갈구하고 있다'라는 것이다.

사람들은 이걸 갖지 못해서 다들 그렇게 화나고 아프고 짜증나고 괴로운 것이다. 미취학 아동들이 자기 방 안에서 조그만 박스나 이불을 뒤집어쓰고 자기만의 공간을 꾸미는 것도, 사춘기 아이들이 자기 방이 있지만 공부하러 '별다방, 콩다방'에 가는 것도, 내 집 마련은 꿈도 못 꾸는 젊은 세대가 차라리 비싼 차에 돈을 투자해 나만의 공간을 만드는 것도, 갈 곳 없는 중년의 남성들이 제작비가 거의 안 드는 tv 프로그램 '나는 자연인이다'를 보면서 대리 만족하는 것도, '이 공간만은 자기가 마음대로 할 수 있는 나만의 것'이라는 거다. 이게 '슈필라움' 신드롬이다. 그만큼 인간은 자기만의 공간을 가지려는 강한 본능이 있는 '호모 스페이시쿠스Home spacicus'다.

영적으로도 이런 '자기만의 공간' 문제는 중요한 화두다. '슈필라움'이 '내 마음대로 할 수 있는 최소한의 공간'이라면, 영적인 공간 즉 '스피리추얼 라움'은 '내 마음껏 하나님을 만날 수 있는 최소한의 영적 공간'이다. 전자인 '슈필라움'은 자기 멋대로 하는 공간이라면 후자인

'스피리추얼 라움'은 하나님의 초대에 우리가 들어가는 공간이다.

그래서 믿음의 선배들은 하나님이 초청하시는 공간 즉 사막과 광야로 들어가서 주님을 깊이 만나기를 사모했다. 그렇게 1,500년 전 '베네딕트 공동체'가 태동했고, 290년 전에는 얀 후스^Jan Hus^의 후예들이 '혜른후트^Hernhut^ 공동체'를 만들었으며, 70년 전에는 맨발의 성자로 불리는 이현필 선생님이 한국 개신교 최초로 '동광원東光院'이라는 수도원을, 얼마 후에는 엄두섭 목사님이 은성수도원을 만들어 '스피리추얼 라움' 즉 영적 공간을 확장시켜 나갔다.

나에게 그런 영적 공간이 있는가? 나를 위해 내 멋대로 하던 슈필라움의 욕망이 그치고 하나님께 시선을 고정시킬 수 있는 공간, 내가 잠잠해지고 주님이 일하시는 것을 느끼는 공간, 그런 공간이 있는가? 가장 바람직한 것은 내 맘대로의 쉼의 공간인 '슈필라움'이 하나님을 깊이 만나는 '스피리추얼 라움'이 되는 것이다.

열왕기상에 나오는 '엘리야' 역시 하나님에 의해 이런 '영적 공간'으로 초대된다. 열왕기상 18장에서 엘리야는 전무후무한 기적을 일으키는 용장^mighty warrior^으로 등장한다. 바알과 아세라의 선지자들 850명과 대결에서 이기는 명장면을 보여준다. 이 장면으로 엘리야는 이스라엘에서 후대까지 거의 '세종대왕'급 명성을 지니게 된다. 예수님 시대에도 엘리야는 세례 요한과 비유되기도 하며, 변화 산에도 등장하고, 그뿐 아니라 로마서 11장, 야고보서 5장에도 등장하는 그야말로 성경 전국구 인물이 된다. 바로 18장의 '갈멜산의 엘리야'가 그렇다는 것이다.

그런데 신앙을 대표하는 간판스타 엘리야가 19장에서는 상당히 달라진다. 그것도 악녀라 불리는 이세벨의 한마디에 완전 주눅 들기에 우리의 마음이 별로 좋지 않다.

> 이세벨이 사신을 엘리야에게 보내어 이르되 '내가 내일 이맘때에는 반드시 네 생명을 저 사람들 중 한 사람의 생명과 같게 하리라. 그렇게 하지 아니하면 신들이 내게 벌 위에 벌을 내림이 마땅하니라' 한지라(19:2).

이 말에 엘리야는 갑자기 우울증 환자처럼 변해버린다. 아무리 산을 옮길 만한 믿음이 있어 보이고 신앙이 좋아 보여도, 사람의 말 한마디에 낙담해버리는 것이 인간이다. 엘리야는 이세벨의 말 한마디에 자신의 일상을 버리고 아무도 없는 곳으로 숨어버린다. 자기만의 공간, '슈필라움'으로 숨어버린다.

> … 광야로 들어가 하룻길쯤 가서 한 로뎀나무 아래에 앉아서 자기

가 죽기를 원하여 이르되 '여호와여 넉넉하오니 지금 내 생명을 거
두시옵소서. 나는 내 조상들보다 낫지 못하니이다' 하고(19:4).

급기야 '차라리 죽여주옵소서'라는 극단적인 생각을 하게 된다.

아니 이게 정말 엘리야 맞아? 어떻게 엘리야가 이렇게 변할 수 있
지? 어떻게 엘리야가 이런 생각을 할 수 있는가? 무슨 조울증 환자
도 아니고 조석변개를 해도 유분수지, 바로 전장인 18장에서는 용
장으로, 19장에서는 우울증 환자로 나타나는 엘리야를 이해할 수가
없다. 무엇이 그를 그렇게 만들었을까?

성경은 우리에게 힌트를 준다. 9절에 보니, 하나님이 엘리야에게
묻는다. "네가 여기서 무엇을 하느냐?" 물을 때에, 엘리야는 "저는 마
음을 다해 만군의 하나님을 섬겨 왔습니다. 그러나 이스라엘 백성은
주님의 언약을 버린 채, 예배 처소를 부수고 주님의 예언자들을 죽
였습니다. 그리고 저만 홀로 남았습니다(『메시지 성경』 10절)."[11]

좀 이상하지 않은가? 하나님은 '네가 여기서 무엇을 하고 있느냐?'
물었는데, 엘리야는 숨었다든가, 좀 쉬고 있다던가, 훗날을 도모하
고 있다던가, 이런 상황action을 이야기하지 않고 그저 주저리주저리
자기 마음의 상태를 하소연만 하고 있다. 그런데 이런 동문서답은
10절만 나오는 것이 아니라, 13절에 하나님이 한 번 더 똑같은 질문

멈춤 _Be still_

을 하자, 14절에도 토시 하나 안 틀리고 주저리주저리 자기 마음의
상태를 호소하고 있다.

> 그가 대답하되 '내가 만군의 하나님 여호와께 열심이 유별하오니 이
> 는 이스라엘 자손이 주의 언약을 버리고 주의 제단을 헐며 칼로 주
> 의 선지자들을 죽였음이오며 오직 나만 남았거늘 그들이 내 생명을
> 찾아 빼앗으려 하나이다.'

요한복음 5장 베데스다 연못에서 예수님께서 38년 된 병자에게
'네가 낫고자 하느냐' 물으실 때, '네 혹은 아니요'로만 대답하는 닫힌
질문임에도 불구하고, '연못의 물이 움직일 때에 사람들은 다 먼저
그 못으로 달려가는데, 아무도 나를 못에 넣어주는 사람이 없다는
둥, 다른 사람이 먼저 내려간다는 둥' 주저리주저리 '외롭다'는 이야
기를 하고 있는 병자와 같다. 엘리야도 지금 주저리주저리 자기 마
음의 하소연을 하고 있다.

즉, 엘리야의 푸념의 요지는 무엇인가? '홀로 남았다(10절)'는 것이
다. 나 외롭다는 것이다. 나, 주를 위해 열심히 살아봤는데, 나를 인
정해주는 사람은 아무도 없다는 것이다. 10절에도 14절에도 두 번
이나 똑같이 되뇌이는 말은 '나 외롭다'이다.

사실, 엘리야는 정말 외로운 싸움을 하고 있었다. 얼마나 외로웠겠는가. 아합과 이세벨 시절, 하나님을 믿고 따른다는 것이 얼마나 외롭고 두려웠겠는가. 선지학교(지금의 목회자 양성학교인 신학교)가 있던 시절 그의 편인 사람도 없고 그저, 850대 1로 싸워야 하는 두려움, 외로움이 그를 잡고 있었다. 엘리야만 외로운가? 정말 우리네 신앙생활도 이처럼 참 외롭다. 타협하고 살면 쉬운데, 제대로 살려고 하니, 참 고독한 것이 우리네 신앙생활이다. 이것이 주를 위해 살아간다는 사역자들, 성도들이 직면하는 '큰 연단'이다.

이 외로움을 어떻게 처리할 것인가? 두 가지 선택지가 있다. 하나는, 외롭기에 자기를 인정해주는 곳에만 찾아가서 자기의 욕구를 채워나가는 것이다. 그런 외로움은 하나님을 만나는 기회인데, 그것을 깨닫지 못하는 사람들은 '인정중독증' 환자처럼, 외로우니 하나님의 음성, 하나님의 뜻을 찾기보다, 자기만 알아주는 조직과 사람의 비위만 맞추려고 노력한다. 이 외로움을 어떻게 처리할 것인가? 두 번째는, 세상 사람들의 인정보다는 하나님의 인정을 위해 '절대 영적 공간스피리추얼 라움'에서 주님을 깊이 만나는 것이다. '인정중독증 환자처럼 살 것인가?' 아니면 '절대 영적 공간'에서 주님을 깊이 만날 것인가. 이제 우리는 두 가지의 선택지만 남았다.

엘리야는 외로웠다. 그러나 엘리야를 사랑하시는 하나님은 그를

'영적 공간'으로 부르신다. 슈필라움인 로뎀나무에 머무는 엘리야를 부르셔서 스피리추얼 라움인 호렙산으로 부르신다. '갈멜산'에서 영적 거장이 되었던 엘리야를 이제 하나님은 '호렙산'으로 부르신다. 그리고 그 속에서 엘리야를 깊게 만나신다.

> 여호와께서 이르시되 '너는 나가서 여호와의 앞에서 (호렙)산에 (멈춰) 서라(19:11).

하나님은 일단 엘리야에게 당신의 '영적 공간, 스피리추얼 라움'으로 부르신다. 그리고 그곳에서 네가 달려가던 '관성'의 법칙에 지배받지 말고, 그냥 달리던 힘으로 무조건 움직이지 말고, '좀 멈추어 서라'라고 말하고 계신다.

영성 훈련에서 이 부분이 아주 중요한 시작이다. 우리는 무엇인가를 열심히 해야, 실적을 남겨야, 생산적이어야 하나님이 기뻐하신다고 생각한다. 물론 어떤 시점과 어떤 역할은 그러할 때가 있다. 갈멜산에서의 엘리야처럼 말이다. 그러나 '멈춤'이 없는 '달림'은 즉 '방향'을 점검하지 않는 '속도'는 위험한 무기가 되어버린다. 그래서 하나님은 갈멜산의 엘리야를 일단, 멈추게 하신다.

너는 나가서 여호와 앞에서 (호렙)산에 (멈춰) 서라(11절).

내 몸이 멈춰야 마음이 멈춰지기에 하나님은 호렙산에서 엘리야를 멈추게 하신다. 거장 엘리야도 갈멜산에서 영적 거인이 되었지만, 결국 자기의 외로움, 자기의 두려움으로 꽉 찬 채 자기의 공간 슈필라움에서 쉬려고만 하고 있다. 이제 하나님은 엘리야를 호렙산으로 부르셔서 멈추게 하시고 자기 스스로 보게 하신다.

그렇게 멈추니, 드디어 하나님이 엘리야에게 소명을 주신다. 그것이 오늘 우리가 읽은 본문 15-16절에 기록된 세 가지 역할이다.

너는… 하사엘에게 기름을 부어 아람의 왕이 되게 하고, 너는… 예후에게 기름을 부어 이스라엘의 왕이 되게 하고,… 엘리사에게 기름을 부어 너를 대신하여 선지자가 되게 하라(19:15-16).

그가 받은 사명은 첫째, 하사엘에게 기름을 부어 아람의 왕이 되게 하고 둘째, 예후에게 기름을 부어 이스라엘의 왕이 되게 하며 셋째, 엘리사에게 기름을 부어 자신을 대신할 선지자로 삼으라는 것이다. 이 사명은 호렙산에서 하나님 앞에 멈출 때에 들리는 소리였다. 이 사명은 자기 멋대로 하는 공간이 아닌, 하나님이 초대하신 '영적 공간'에서만 들을 수 있는 '신비'인 것이다.

당신에게는 이렇게 하나님을 깊이 만나는 영적 공간, 스피리추얼 라움, 호렙산이 있는가? 그런데 이런 영적 공간인 '호렙산'은 참 가기 싫은 곳이다. 왜냐하면, 갈멜산처럼 '영적 승리에 도취되는 산'이 아니다. 호렙산은 '멈춰야 하는 곳'이다. 내 스스로 멈추지 않으니 하나님이 멈추게 하신 곳이다. 고난을 통해, 오해를 통해, 재정을 통해, 질병을 통해, 관계의 틀어짐을 통해 멈추게 하는 곳이다. 참으로 답답한 곳이다. 우리가 얼마나 빠른 것을 즐기고, 성공을 추구하는 삶인데, 그것을 멈추고 비생산적 인간이 되라는 것은 너무 가혹한 현실이다. 우리는 이미 기본적으로 끊임없이 활동하는 인생vita activa으로 세팅setting되어 버렸는데, 그것을 거부하고 멈추는 인생, 멈출 때 주님을 묵상하는 인생vita contemplativa으로 사는 것은 정말 고통스러운 일이다. 그러나 멈출 때, 뭔가 내 안에서 깊은 하나님과의 만남의 샘이 터져 나오기에 하나님은 우리를 멈춤의 자리로 부르신다.

어느 날 국도를 운전하는 중이었다. 분명 사람이 없어 보이는데도 왜 이렇게 빨간불에 계속 걸리는지, 아마도 목적지까지 빨리 가야 하는 조급한 상황이 있었나 보다. 또 빨간불이다. 속으로 '아이고 또 빨간불이네' 하던 찰라, 뒤에 있던 꼬마가 이런 이야기를 한다. "빨간불은 참 고마워. 우리를 쉴 수 있게 해 주잖아." 그때 한 대 맞은 기분이었다. 아, '멈춤'은 고마운 것인데…

당신에겐 어떤 영적 공간이 있는가? 비록 그곳은 멈춰야 하는 답답함이 있고, 아무것도 일어나지 않는 비생산성의 현장이며 힘을 빼야 하는 상실감의 공간인 호렙산이다. 자녀로 인해, 돈으로 인해, 얽힌 관계로 인해, 오해로 인해, 과거의 아픔으로 인해, 늘 발목 잡고 있는 그 멈춤의 상징인 호렙산이다. 그러나 하나님은 당신을 호렙산에서 부르시고 그곳을 깊이 만나시는 '영적 공간스피리추얼 라움'으로 여기신다. 인간이 아무리 노력해도 할 수 없는 일, 노력하면 할수록 우리는 힘이 들지만, 내가 내려놓으면 하나님이 일하시는 곳, 그곳이 바로 호렙산과 같은 영적 공간이다.

하나님은 '갈멜산의 엘리야'를 '호렙산의 엘리야'로 만드신다. 그리고 더 깊은 비전과 사명을 주신다. 호렙산에 머물 때만 만날 수 있는 은혜를 보여주신다. 그렇다. 호렙산에는 비록 더 나가지 못하고 멈출 수밖에 없는 상황이 있지만, 그 아픔이, 그 실패가 오히려 나를 하나님 앞에 멈추게 하고 그 멈춤으로 더 깊은 주님의 은혜를 경험케 한다. 그 영적 공간, 스피리추얼 라움, 호렙산, 그곳은 나와만 만나시는 하나님과 나만의 만남의 장소이다. 멈출 때, 잠잠할 때, 주님과의 만남이 있다.

2부

욕망하는 군상들[12]

열정의 출발[13]

그런데 왜 멈추지 못하는 것일까? 멈추지 못하는 인간의 본성을 잘 설명해주는 접근이 있다. 그것은 언어적 접근이다. 언어만큼 한 개인과 사회의 감정 밑바닥 정서를 잘 드러내는 표현은 없다. 언어는 단순히 의사소통 수단이 아니다. 그 너머의 것이다. 언어는 그 문화권의 철학과 세계관을 반영한다. '사람'이라는 단어만 보더라도 그렇다. 어떻게 각 문화권이 서로의 이해를 가지고 '사람'을 정의하는가?

동양 문화권에서는 사람을 인간人間 즉, 사람과 사람 사이에서 '내가 누구인지'를 규정한다. 이런 인간 규정을 가진 동양 문화권에서는 '내가 무엇을 하고 싶다'가 미덕이 아니라, 우리 가족, 우리 조직이 원하는 사람이 되는 것이 미덕이다. 사람의 가치는 사람들 사이에 짙게 밴, 서열과 위계질서, 곧 사람들과의 관계 속에서 매겨진다. 동양 문화권에서 잘 살아남기 위해서는 빨리 내 선명한 목소리를 내는 것이 아니라 그 조직이 원하는 게 무엇인지, 그 조직에서 힘 있는 사람이 의도하는 바가 무엇인지, 즉 조직이 나아가는 바에 힘을 보태는 것이 무엇인지 빨리 파악하는 것이 곧 생존의 길로 여겨진다.

한편 라틴어에서 '사람humanus'이라는 말의 어원은 '흙, 먼지humus'에서 왔다. 동양 문화권의 인간이라는 정의와는 접근이 다르다. 즉, 라틴 문화에서는 인간을 그저 흙과 먼지 같이 덧없는 존재로 규정한다. 아마도 성경의 인간이 흙에서 왔고 흙으로 돌아간다(창 3:19)라는 정신에 어느 정도 뿌리를 두고 있는 것으로 생각된다.

눈여겨보고 싶은 언어는 히브리 문학이다. 성경의 언어인 히브리어에서 사람이라는 단어는 '이쉬אִישׁ, [ish]'이다. 그럼 '이쉬'의 어근말 뿌리은 무엇일까? 이 단어 '이쉬'는 '에쉬'에서 왔다. 에쉬אֵשׁ, [esh]는 '불, 열정'이라는 뜻이다. 즉, 인간은 '불덩어리', '열망 덩어리'라는 말이다. 주변을 돌아보니 4-5살 먹은 아이도, 80-90세 어르신도 다 자기가 몰두하는 것이 있다. 어떤 아이는 유독 장난감 자동차에, 어떤 꼬마는 유독 춤과 노래에 빠져있다. 인간은 정말 자기가 관심 있는 대상을 찾으면 '불'과 같이 내 '열망'을 쏟아내는 존재로 보인다. 오히려 이런 관심, 이런 열망이 없는 것이 심각한 마음의 병일 수 있다.

성경은 우리의 갈망과 열망desire을 죄라고 말하지 않는다. 내가 어떤 것에 몰입하고, 그 대상에 심취하여 애쓰는 것 자체를 죄라고 말하지 않는다. 즉, 우리의 갈망은 가치 중립적인 것이다. 그런데 중요한 것은, 이 갈망과 열망이 욕망이 되기 시작하면서 내 마음이 어두워진다.[14] 갈망은 중립적이나 욕망은 이미 마음의 중립을 잃어버리고 치우친 상태, 편심偏心의 상태이다.

그럼 내 갈망이 순수한 중립적 갈망으로 머물지 못하고 욕망이 되는 순간은 언제인가? 그것을 잘 설명한 인문학자가 있으니 '르네 지라르René Girard'이다. 그는 우리의 갈망이 순수하게 중립적이지 못하고, 치우친 욕망으로 변질되기 쉽다고 설명하고 있다.[15] 그것은 우리가 욕구하는 것이 나의 순수한 갈망이 아니라 남의 갈망을 모방하면서 생기고 알게 되는 남의 갈망욕구모방욕망라는 것이다. 그러다 보니 늘 비교와 시기, 질투와 우월감 혹은 열등감과 그것을 쟁취하기 위한 유무형의 긴장과 폭력, 희생양 메커니즘이 동원된다는 것이 그의 '모방욕망이론'이다. 즉, 르네 지라르는 인간은 스스로 자기의 갈망을 알 수 없고 남의 갈망을 통해 자신의 갈망을 깨닫게 되기에, 순수한 중립적 갈망이 아닌 남의 것을 보고 생기는 모방욕망의 사람이 된다는 것이다. 이 지점에서 르네 지라르의 모방욕망이론을 살펴보려는 것은, 멈춤과 자기의 내적 갈망desire을 진지하게 볼 수 있는 시간이 없을 때, 끊임없이 멈추지 않는 나의 욕망이 어떻게 나와 남을 망가지게 하는지 잘 설명하고 있기 때문이다.

르네 지라르의 모방욕망

그렇다면 지라르의 모방욕망이론을 어떻게 설명할 수 있을까? 방대한 그의 이론을 일곱 개의 개념으로 정리해보자. 첫째로는 이론의 출발점인 '욕망은 모방적^{mimetic desire}'이라는 것이다. 지라르는 성경의 예를 들면서, 출애굽기 20장의 십계명은 인간의 욕망을 강조하고 있다고 언급한다. 십계명의 열 번째 계명에서도 욕망은 객관적이거나 주관적이지 않고 모방적이라는 것이다.

분명하게 나타나고 있지는 않지만, 십계명의 열 번째 계명[16]은 욕망에 대한 이해에 있어 근본적인 혁명을 가져온 본문이다. 우리는 욕망이 객관적이거나 주관적이라고 생각하지만, 현실에서는 욕망은 그 물건에 가치를 주는 제삼자(라이벌)에 달려 있다. 이 제삼자는 보통 가장 가까운 이웃이다. 인간들 사이의 평화를 유지하기 위해서는 이 극도로 중요한 이 사실에 비추어 금지를 정의하는 것이 필수적이다. 우리의 이웃은 우리의 욕망을 위한 모델이다. 이것이 내가 모방욕망이라고 부르는 것이다.[17]

지라르가 설명하는 모방욕망이론은 무엇일까? 어떤 이는 모방욕망이론을 이렇게 설명한다. 아이들이 장난감으로 가득 찬 방에서 놀고 있다. 한 아이가 특정한 장난감을 잡는 순간, 다른 아이들이 즉시 그 장난감을 붙든다. 분명 그 놀이방에는 수많은 장난감이 즐비함에도 말이다. 그리고는 '내가 너보다 먼저 잡았다고, 아니라고 네가 잡기 전에 내가 먼저 봤다고' 우긴다. 주변에 수많은 장난감이 있음에도 친구가 먼저 잡은 장난감에 마음이 더 가는 심리가 '모방욕망' 때문이라는 것이다.[18]

따라서 지라르의 이론은 '주체-라이벌-대상'이라는 삼각형으로 설명할 수 있다.[19] 지라르의 일곱 가지 개념의 이해를 돕기 위해, 영화 〈아마데우스〉에서 볼프강 아마데우스 모차르트Mozart와 안토니오 살리에리Salieri의 관계를 언급하고자 한다. 살리에리가 모차르트를 만나기 전, 그는 비엔나의 궁정악장 감독으로서의 자기 삶에 만족하는 듯하다. 하지만 살리에리가 모차르트를 만나 모차르트의 피아노 연주를 듣자 그는 모차르트에 대한 부러움과 질투심을 느끼고 이렇게 말한다. "이 음악은 이전에 내가 듣지 못한 것이다. 나는 그런 갈망과 채울 수 없는 열망으로 가득 차서 벌벌 떨 수밖에 없다"[20] 살리에리의 욕망은 객관적이거나 주관적이지 않고 모차르트의 것을 모방한 것이다.

어찌 이런 패턴을 문학과 예술 작품에 빗대어서만 이해할 수 있겠는가. 우리 삶의 수많은 모습 중에 이런 모방욕망은 즐비하다. 어떤 연예인이 착용한 머리띠와 핸드백이 유행이 되는 원리도 그와 같다. 친구 아들이 K 대학에 가면 나의 아들은 S 대학은 아니더라도 Y 대학에는 가야 직성이 풀리는 것도 이와 같다. 동료가 성수동 G 아파트에 집을 사면 나는 압구정 H 아파트를 사고 싶은 충동을 느끼는 것도 이와 같다. 친구가 쌍꺼풀 성형으로 예뻐지면 나는 양악수술을 해서라도 더 예뻐지고 싶다. 전혀 내 욕망이 아니던 것이 다른 사람으로 인해서 내 욕망이 되어버린다. 정말 내가 원하는 것이 무엇인지 가만히 멈춰 서서 물어볼 틈도 없이 '남의 욕망'이 '나의 욕망'이 된다. 그리고 그 모방욕망이 나를 삼킨다.

두 번째 개념은 이런 모방욕망은 두 가지 유형의 패턴(외부적 중개로 인한 욕망과 내부적 중개로 인한 욕망)으로 나타난다.[21] 모방욕망이 항상 같은 방식으로 갈등을 일으키는 것은 아니다. 모방욕망의 충돌의 양은 주체와 라이벌 사이의 거리와 관련이 있다. 주체나와 라이벌너이 서로 만나기 어려운 충분한 거리가 확보될 때, 이것을 '외부적 중개로 인한 욕망external model'이라고 부른다.[22]

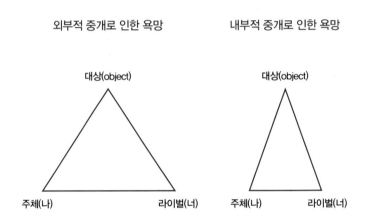

외부적 중개로 인한 욕망   내부적 중개로 인한 욕망

대상(object)   대상(object)

주체(나)   라이벌(너)   주체(나)   라이벌(너)

주체나와 라이벌너 사이의 거리가 더 먼 곳(외부적 중개로 인한 욕망)에서, 둘 사이의 경쟁 구도는 거의 없다. 오히려 주체나는 라이벌너을 흠숭한다. 예를 들면, 바다에서 자랐고 어부인 아버지를 둔 한 소년이 이순신 장군을 흠모하던 중, 해군 사관학교에 입학해서 해군 장

교가 되었다고 가정해보자. 분명 이 소년은 이순신 장군을 모방해서 해군 장교까지 되었지만 이순신 장군과는 어떤 라이벌 의식, 경쟁 구도가 없다. 오히려 이 소년은 평생 이순신 장군을 존경하고 동경할 뿐이다.

돈키호테와 그의 '워너비'인 갈리아의 아마디스Amadis de Gaul23 사이에도 어떤 긴장이 없다. 왜냐하면 그들은 지리적으로나 시간으로 거리가 멀기 때문이다. 돈키호테는 갈리아의 아마디스를 동경하고 닮기를 애원할 뿐이다. 이것이 외부적 중개로 인한 모방이다. 토마스 아켐피스의『그리스도를 본받아』(Imitatio Christi)가 이야기한 것도, 바울이 "너희는 이 마음을 품으라 곧 그리스도 예수의 마음이니(빌 2:5)"라고 말한 이유도 경쟁과 모방폭력이 없는 외부적 중개로 인한 모방의 개념이다. 이렇게 외부적 중개로 인한 모방은 흠모와 존경을 수반한다. 아들이 아빠를 모방하듯, 딸이 엄마를 모방하듯 주체ᄂ가 라이벌ᄋᆡᆫ을 닮고 싶은 욕망은 '외부적 중개'에서 일어나는 건강한 모방이다.

그러나 주체ᄂ와 라이벌ᄂ이 한 공간을 점유하거나 비슷한 지위 (내부적 중개로 인한 욕망)에 머물게 되면, 이 둘은 곧 위험한 경쟁관계를 맞게 된다.24 영화 〈아마데우스〉의 모차르트와 살리에리는 주체와 경쟁자가 같은 장소(오스트리아 빈)이고 동시대(18세기)에 살았기 때문에 그들 사이에는 긴장감을 가지고 있다. 주체와 라이벌이 같은 사회적 공간을 차지하고 다른 사람들과 경쟁하고 있는 곳, 그들은 위험한 '내부적 중개로 인한 모방욕망 상황'에 놓인 것이다.

셋째, 내부적 중개로 인한 욕망 하에서, 주체와 라이벌 간에 모방욕망이 증가되면 전체 사회나 집단은 위험에 처할 수 있다. 주체와 라이벌 사이에는 모방 욕구가 있어 긴장이 고조되면 모방욕망은 모방폭력으로 표출된다. 라이벌은 자기 안에 욕망이 있음을 입증이라도 하듯, 모방한 대상에 강한 욕망을 보이고, 그 모방은 적개심의 심장이 되어 경쟁 구도를 강화시킨다.[25] 폭력은 이러한 과정에서 발생하며, 폭력으로 두 명 이상의 경쟁자들이 그들이 원하는 한 대상을 신체적 또는 다른 수단으로 소유하려 한다.[26] 모방욕망은 사회 구성원들에게 모방적 긴장을 느끼게 하고 구성원들이 정말 원하는 것이 무엇인지 모르면서 남의 것을 모방한 채, 이차 혹은 삼차적인 모방폭력을 만들어 낸다.[27]

학교나 직장 안에서 동료들 간에 이런 모방폭력은 쉽게 찾을 수 있는 예이다. 처음에는 단순한 모방욕망에서 시작했지만, 같은 공간과 시간을 점유한 두 존재(주체와 라이벌)는 한 대상을 향해 시기와 질투의 화신이 된다. 영화 〈모차르트〉에서 살리에리는 모차르트가 빈 Vienna에 존재한다는 것만으로도 위기의식을 느낀다. 그는 모차르트의 존재 자체가 자신의 명성과 지위^{궁중악장}마저 위협한다고 느낀다. 그러면서 그는 이렇게 기도한다.

> 주님, 저를 위대한 작곡가로 만들어 주십시오. 음악을 통해 당신의 영광을 찬양하겠습니다. 하나님, 저를 세계적으로 유명하게 만들어 주십시오. 아멘.[28]

넷째, 이제 주체^나가 만든 모방욕망은 라이벌^{너/대상}을 향한 모방폭력이 된다. 그리고 주체^나는 이 위기를 극복하기 위해 라이벌^너을 궁지에 넣을 방법을 찾는다. 주체^나는 이 위기를 해결할 방법을 찾는다. 주체^나는 집단적 행동을 통해 라이벌을 추방하는 것이 자신의 위기를 해결하는 것이라고 여기고 주체^나의 위기를 대신해서 희생당할 대상을 찾는다. 그에게 있어서 희생양 만들기가 이 문제를 해결하는 의례적인 방법이요 결론이라고 믿는다.[29] 이런 라이벌이 사회에 많아지면 사회 질서가 모방욕망 증가에 의해 불안정해지거나 위태로워진다. 그리고 사회 전체가 위기에 빠질 수 있다. 이런 상황이 사회 전체에 번지면 사회는 "만인을 위한 만인의 투쟁^{all against all}"으로 바뀔 수 있고 혼돈의 상황으로 변질 될 수 있다.[30] 그러므로 사회는 모방욕망으로 인해 가만히 있으면 모두가 모두와의 전쟁으로 다 죽어야하는 위기의 순간이 오기에, 공동체는 "한 사람을 위한 만인의 투쟁all against one"이 필요하고, 그것이 폭력이라 할지라도 연대함으로 이 위기를 해결해야 한다고 믿는다.[31] 이것이 주체ㄴ의 믿음이다.

이런 전제에서 공동체는 사회를 어지럽힌 원흉희생양을 시범케이스로 삼아 그 공동체에서 추방하거나 린치를 가하는 폭력적인 행동으로 다시 한 번 그 공동체의 결속을 다진다.[32] 결과적으로 모두를 위한 모두의 폭력all against all은 결국 공동체를 파괴할 것이기에, 공동체는 하나가 되어 모두가 살기 위해 한 대상을 잡아all against one 철저하게 파괴한다.[33] 이 위기를 해결한 추방된 희생자를 "희생양(혹은 희생염소, scapegoat)"[34]이라고 부른다.

요즘 사회적으로 이슈가 되는 학교 내 '왕따' 문제의 기저엔 이런 모방폭력 메커니즘이 숨어있다. 군대 내 관심병사에 대한 차별과 직장 내의 조리돌림의 문화가 이런 희생양 만들기와 결을 같이 하고 있다. 자기의 욕망을 위해 타자의 이마에 주홍글씨를 쓰고 희생양을 만드는 문화는 원시종교의 태동을 보여주며, 깊숙이 자리한 강자 중심의 문화의 근간이다. 2020년 1월 초에 트럼프는 이란의 군부 실세인 게셈 솔레이마니 혁명 수비대 쿠드스군 사령관을 공습으로 폭사시켰다. 과연 트럼프의 이 군사작전을 미국의 군사력 승리 혹은 악의 축의 한 기둥이 무너졌다고 박수 칠 사람이 얼마나 될까! 많은 사람은 게셈 솔레이마니를 트럼프의 재선 가도에 희생양 당한 한 사령관으로 기억될 것이다. 영화 〈아마데우스〉에서 결국 살리에리는 자신의 내적 갈등을 극복하기 위해 모차르트를 제거하려고 한다. 그는 모차르트를 희생양으로 여기고 폭력을 정당화한다. 살리에리는 모차르트가 버릇없는 행동을 했다고 비난함으로써 모차르트에 대한 자신의 행위^{희생양 만들기}를 합리화한다.

다섯째, 공동체(혹은 개인)는 자신의 문제 덩어리인 희생양을 죽인다. 그리고 그 희생양 덕에 공동체(혹은 개인)는 다시 살아난다. 희생양은 위기를 야기시킨 선동가^{instigator}이자 그 위기를 종식시킨 해결사^{resolver}로 간주된다. 즉 희생양은 부정적이면서 긍정적인 양가적 존재^{double transference}가 된다. 그러므로 그 희생양은 분명히 죽지 않은 것이고(그가 죽음으로 공동체는 '모두의 모두를 위한 분쟁'을 막아 서로 싸우지 않게 했기 때문에), 신처럼 다시 살아난 것이다.[35] 희생양은 개인이나 단체와 관련하여 죄가 없음에도 불구하고, 죽음이나 추방 이후 선과 악의 양가적 가치가 된다.[36] 이 설명은 우리에게 어떻게 문화가 폭력에 기반하고 있고 종교와 깊이 연관되어 있는지, 사람들이 어떻게 만장일치의 폭력으로 그들의 공동체를 유지하는지 또한 그 희생양은 어떤 양가적 존재인지를 보여준다.

창세기의 요셉은 전형적인 양가적 존재^{선동자이면서 해결자}다. 형들은 요

섭이 아버지의 사랑을 독차지 하는 것을 못마땅해 한다. 결국 자신들의 욕망아버지 사랑 독차지을 방해하는선동하는 가시 같은 요셉을 죽이고자 한다. 형들은 그를 구덩이에 빠트림으로 또한 미디안 상인에게 팔아 죽은 것으로 위장함으로 그들의 모방폭력을 해결한다. 형들은 요셉을 모방폭력의 선동자이면서 해결자로 여긴 것이다. 영화 〈아마데우스〉에서 모차르트는 많은 명성을 가지고 있는 살리에리의 세계를 깨뜨렸기 때문에 선동자instigator이다. 또한 모차르트는 살리에리의 세계에서 제거되어 살리에리의 긴장을 풀어주었기 때문에 해결자resolver이다. 그로 인해 모차르트는 살리에리의 공간에 화해를 가져온 긍정적인 존재가 되었다.

여섯째, 가해자주체는 한 희생양을 제거함으로 표면상의 평화[37]를 획득한다. 지라르는 이 지점을 "모든 소동이 사라지고, 거짓 환영이 벗겨지며, 긴장의 완화가 모든 과정의 신비를 드러낸다. 모든 극단이 충족되는 순간, 모든 차이가 융합되고, 그 순간 폭력과 평화의 초인적인 모습만이 드러난다"라고 설명한다.[38] 희생양 메커니즘은 희생자들의 피해를 담보로 가해자가 자기의 이익을 챙기는 일종의 사기극이다.[39] 그러나 그런 거짓 평화는 오래가지 못한다. 가해자는 자신의 모방폭력을 피해자에게 뒤집어씌워 해결했다고 여기지만, 그것은 일시적인 신기루일 뿐이다. 요셉의 형들이 지긋지긋한 동생을 제거하고 일시적인 평화를 구가했지만, 결국 형들은 동생 앞에 무릎을 꿇고 곡식을 구걸하는 존재가 된다. 영화 〈아마데우스〉에서 살리에리는 모차르트를 죽음으로 내몰고 그리고 그 죽음은 모차르트의 자업자득이라고 여기지만, 살리에리는 깊은 평안으로 여생을 보내지 못한다. 자신의 모방폭력으로 죽어 나간 모차르트에 대한 죄책으로 힘들어한다. 그는 거짓 평화의 사슬에 묶이게 된다.

일곱째, 이렇게 가해자들이 거짓 평화에 숨어 피 흘림의 메커니즘을 반복할 때, 성경의 메시지는 가해자들의 잘못을 고발하고 희생양 메커니즘을 폭로한다. 지라르는 성경만이 이러한 무고한 희생자의 진실을 보여주고 모방욕망과 그로 인한 폭력의 구조를 밝혀내며 전능자의 힘을 보여준다고 기술한다.[40] 즉, 성경은 다른 어떤 문학 작품에서 잘 찾아볼 수 없는 무고한 희생자innocent victim를 통해 이러한 희생양 메커니즘을 끊을 수 있는 단초를 제시한다. 성경 본문은 모방폭력 메커니즘의 작동 원리가 무엇인지 밝힌다.[41] 이런 지라르의 작업은 "낭만적 거짓"과 "소설적 진리"에 초점[42]을 맞추어서, 이 두 사이에는 인간 본질의 전혀 다른 두 관점이 있음을 보여준다. 하나는 인간의 욕망과 종교와 폭력의 복잡함을 부인하고 덮고자 하는 것이고, 다른 하나는 그것들을 노출하려는 것이다. 전자는 "낭만적 거짓"이고 후자는 "소설적 진리"이다. 전자는 신화적 접근이고, 후자는 복음적 고발이다.[43] 지라르의 주요한 공헌 중에 하나는 "희생자들과 가해자들 사이의 무죄와 죄의 관계에 대한 역전은 성서적 영감의 핵심이다."[44] 필자는 이 책에서 지라르처럼 단순화된 도식 즉 일반 문학은 신화적 기반이고 성서는 그것과 다르다는 이분법적 구분을 피하고자 한다. 그럼에도 불구하고 지라르의 신화와 복음의 차이를 구별하는 독특성은 눈 여겨 볼만하다.[45] 즉, 하나님은 성경 안에서 희생양 메커니즘을 드러내시고 당신 스스로 가해자의 편이 아닌 피해자의 편에 서신다는 것이다. 성경은 철저하게 가해자의 목소리를 대변하는 자료가 아닌[46] 약자의 소리를 담아내고 있다는 사실이다.[47]

멈춰서 내 안의 갈망interior desire을 보지 못할 때, 내가 정말 원하는 것이 무엇인지 성찰하지 못할 때, 나는 모방욕망에 붙들릴 수 있다는 것이 지라르를 통해 얻을 수 있는 교훈이다. 이 모방욕망에 붙들릴 때, 내 내면에서 정말 갈구하는 것이 무엇인지도 모른 채, 남이 좋아하는 것, 남이 추구하는 것에 마음을 빼앗긴 채, 그들이 원하는 것, 세상이 던져주는 것, 유행과 성공, 성취에 매몰되어 희생양 메커니즘의 가해자 혹은 피해자가 되어 남도 죽이고 나도 죽는 인생이 된다는 것이다.

르네 지라르의 렌즈로
사무엘하 11-12장 보기

이제 이 장에서는 앞에서 설명한 지라르의 핵심적인 일곱 개 개념이 사무엘하 11-12장에서 어떻게 작동하는지 살펴볼 예정이다. 그런데 왜 사무엘하 11-12장인가? 지라르의 모방욕망으로 성경을 분석하는 것은 흥미로운 일이다. 또한 여러 성경 본문에 적용이 가능하다. 예를 들면, 가인과 아벨의 이야기도 그렇다. 가인은 아벨과 동시대를 살아간다. 어느 날 가인은 아벨과 제사를 드리다가 아벨을 죽이게 된다. 그 이유를 성경은 이렇게 이야기한다.

여호와께서 아벨과 그의 제물은 받으셨으나, 가인과 그의 제물은 받지 아니하신지라. 가인이 몹시 분하여 안색이 변하니(창 4:4-5).

성경은 인류의 첫 사람의 자녀들이 모방폭력으로 죽었음을 가감 없이 그려내고 있다. 가인도 아벨처럼 자기의 제사가 열납되기를 원했다. 그것은 아벨로부터 모방된 욕망이다. 그러나 자신의 제사가 하나님께 받아들여지지 않자, 자신의 모방욕망 위기를 모방욕망을 불러온 동생을 살인함으로 극복하려 한다. 첫 사람의 자녀들이 모방욕망으로 죽어간 것을 본 하나님은 자신의 독생자인 예수님을 이 땅에 보내셔서 인간의 모방욕망을 끊어내기 위해 내어 주신다(요 3:16).

앞서 잠깐 언급했지만, 요셉 이야기도 좋은 예일 수 있다. 성경은 형들이 무엇을 갈망했는지 구체적으로 말하지 않는다. 그러나 요셉이 아버지의 사랑을 독차지하는 것을 보고("이스라엘이 여러 아들들보다 그를 더 사랑하므로 그를 위하여 채색옷을 지었더니, 그의 형들이 아버지가 형들보다 그를 더 사랑함을 보고," 창 37:3-4), 자신들도 아버지의 사랑을 갈망하게 된다. 그리고 그것을 독차지하는 동생(요셉)을 질투하게 된다("그를 더 사랑함을 보고 그를 미워하여 그에게 편안하게 말할 수 없었더라." 창 37:4). 모방욕망으로 설명될 수 있는 부분이다. 그리고 형들은 (자신들이 생각하기에) 자신의 가족 공동체를 (아버지의 편애를 유발시키며) 파괴하는 요셉을 희생양으로 삼아 제거하기로 결정한다("자, 그를 죽여 한 구덩이에 던지고…" 창 37:20). 전형적인 모방욕망이론의 흐름이다. 이렇듯 지라르 이론은 인문학적으로 성경의 여러 내러티브를 풍성하게 읽는데 도움을 준다. 그런데 필자가 사무엘하 11-12장을 선택한 것은 지라르의 이론을 가장 명쾌하게 보여주기 때문이다.[48] 그러면 어떻게 지라르의 이론으로 인문학적 성경 읽기가 가능한지 살펴보도록 하자.

사무엘하 11-12장은 기독인이라면 너무나 잘 아는 이야기이다. 그러나 지라르의 렌즈로 사무엘하 11-12장을 분석해보는 것은 첫째, 앞서 말한 것처럼 문학적 읽기의 맛을 보기 위함이고 둘째, 문학에 대입해보는 훈련을 실습함으로 자연스레 독자의 삶에 적용해보기 위함이다. 그러나 지라르의 이론이 다윗 내러티브에 정확히 들어맞는다고 말하는 것은 불가능하다. 왜냐하면 성경의 내러티브가 지라르의 작품보다 훨씬 더 복잡하기 때문이다. 이 장의 목표는 앞에서 분석한 지라르의 일곱 가지 개념이 어떻게 다윗 내러티브를 읽는데 도움을 주는지 설명하고자 한다.

먼저, 지라르에 따르면 욕망은 자연스럽게 생기는 것이 아니라 대부분 모방적인 것이다. 모방욕망이론의 핵심은 모방이 인간관계에 아주 중요한 역할을 한다는 것이다.[49] 다윗의 내러티브에 적용하여 서술하자면, 다윗의 욕망은 —삼각형 구조에서— 모방욕망으로 볼 수 있다. 사무엘하 11장에서, 다윗은 그 여자가 목욕하는 것을 봤을 때 즉흥적으로 그녀를 즉시 부르지 않는다. 오히려 다윗은 그녀가 누구인지, 또 누구의 아내인지를 알게 된 후, 그녀를 취한다("다윗이 사람을 보내 그 여인을 알아보게 하였더니…" 11:3).

이 지점에서, 필자는 다윗이 그녀가 누구인지 알아보기 전까지 그녀에게 어떤 성적 호기심을 느낄 수 없었고, 우리아의 아내인 것을 안 이후에 모방욕망으로 그녀를 취했다고 말하고 싶지는 않다. 그러나 다윗이 즉시 밧세바를 취하지 않은 점, 또한 누구인지 알아보게 한 점, 그런 후에 밧세바를 취한 점 등을 종합해볼 때, 이런 다윗의 행동은 지라르의 삼각형 모방욕망이론으로 설명할 수 있겠다는 것이다. 다윗은 그 아름다운 여인을 즉시 그의 집으로 데려가지 않는다. 대신에 다윗은 전령에게 누군지 알아내라고 명령한다. 지라르의 이론에 따르면, 욕망의 매개 특성은 삼각형(주체-라이벌-대상)으로 작용할 수 있다. 그 여자가 누구이고, 특히 그 여자가 우리아의 아내이며, 그래서 이미 다른 사람의 아내라는 보고를 받은 후, 다윗은 그 여자를 갈망하는 듯 보이며("그 여자를 자기에게로 데려오게 하고" 11:4a) 마침내 다윗은 그녀와 잠자리에 든다(11:4b). 다윗의 욕망은 대상이 있는 모방욕망으로 설명할 수 있다.

둘째, 지라르의 모방욕망이론은 내부적 그리고 외부적 중개로 인한 욕망, 이 두 가지 유형으로 정의할 수 있다. 일반적으로, 지라르는 주체와 라이벌 사이의 모방폭력은 그들 사이의 거리와 관련이 있다고 주장한다. 다윗의 모방욕망은 내부적 중개로 인한 욕망으로 설명할 수 있다. 그것은 그들이 지리적, 시간적으로 같은 공간에 있기 때문이다. 사무엘하 11장 본문은 그들이 어떻게 시, 공간적 내부적 상황 하에 머무는지 보여주고 있다.

> 다윗이 요압에게 기별하여 헷 사람 우리아를 내게 보내라 하매 요압이 우리아를 다윗에게로 보내니(11:6).

이 지점에서 지라르의 중개 모델 이론은 조금 보완이 필요하다. 지라르는 같은 시, 공간 안에 있으면 둘 사이에는 모방폭력이 발생하기 적합하다고 설명했지만, 내부적 중개로 인한 욕망하에서도 고려해야 할 점이 있다. 그것은 비록 다윗과 우리아가 같은 지리적 공간과 동시대에 머물고 있지만, 둘의 사회적 신분은 달랐다는 점이다. 다윗은 우리아가 범접할 수 없는 특별한 범주인 '왕'이기 때문이다. 이것은 미묘하지만, 지라르의 이론을 이 내러티브에 적용하는데 유용하다. 비록 다윗과 우리아가 지리적으로 한 도시에 있고, 우리아가 다윗의 특별한 군사라는 점에서 그 둘은 가깝지만, 그들은 결코 마음을 나눌 수 있는 가까운 관계가 아니다. 지라르는 내부적 중개로 인한 욕망과 관련하여서는 사회 계층의 여러 차원도 고려해야 할 것이다. 내러티브는 이론보다 훨씬 복잡하기 때문이다. 그럼에도 불구하고, 그들이 같은 지리적 공간과 동시대를 살아가기 때문에 아무리 사회 계층이 차이가 난다고 해도, 그들은 모방욕망에 노출될 수 밖에 없다. 그런 상황에서 힘이 없는 약자는 늘 희생자로 머물러 있을 수밖에 없다.

그런 예가 나단의 비유에서 잘 나타난다. 사무엘하 12장에 언급된 부자와 가난한 자의 모방욕망은 비록 계층적으로 다른 위치에 있다고 할지라도 시간적, 공간적 동시대를 함께 점유하며 살아가는 두 사람은 내부적 상황 유형 안에서 모방폭력[50]에 쉽게 노출되어 있다. 가난한 자는 같은 공간과 시간에 머물렀기에 부자에게 손쉽게 희생양이 되고 만다.

셋째, 내부적 중개로 인한 욕망 하에서 발생한 모방욕망은 한 개인이나 사회 전체를 불안정하게 만든다. 사무엘하의 나레이터는 다윗의 증가하는 모방욕망과 이 과정에서 야기된 모방폭력에 대해 이렇게 기술한다.

그 편지에 써서 이르기를 너희가 우리아를 맹렬한 싸움에 앞세워 두고 너희는 뒤로 물러가서 그로 맞아 죽게 하라 하였더라(삼하 11:5).

다윗은 자신이 만든 모방폭력으로 생긴 자신의 위기를 없애기 위해 한 개인우리아을 죽이려 한다. 그러나 우리는 다윗에게 물어야 한다. '다윗! 지금, 당신의 위기는 무엇인가? 밧세바를 임신하게 한 것이 위기인가? 그래서 그것을 숨기려고, 사람들이 그 아이는 우리아의 아이라고 생각하게 하려고 우리아를 아내와 동침하려 했는가? 그래서 우리아가 다윗의 명령을 거부했을 때, 자기가 위기에 빠지는 것이 두려워 요압을 시켜 우리아를 죽이려고 했는가? 그의 불륜과 아기의 친부가 다윗이라고 드러나는 것이 다윗의 진짜 위기인가?' 물론 그럴 수도 있겠지만, 다윗의 진짜 위기는 밧세바의 임신이 아니라 '하나님을 향해 변질된 태도' 또한 '하나님의 말씀에 대한 그의 바뀐 태도'이다.

하나님은 일반적으로 다윗이 여자를 자신의 아내 삼는 것에 대해 거의 간섭하지 않으셨다. 그러나 하나님은 다윗의 거만한 태도에는 몇 번 경고를 보내셨다. 그중의 한 예가 사무엘하 6장에 나와 있다. 다윗이 왕이 된 이후에 하나님의 궤를 예루살렘으로 옮기고자 했다. 나레이터narrator가 이 계획은 하나님의 명령 혹은 하나님이 기뻐하시는 일이라고 언급하지 않았음에도 다윗은 바알레 유다에 있던 궤를 예루살렘으로 옮겨오기를 원했다. 다윗은 하나님의 명령이 없었음에도 삼만 명을 동원하여 하나님의 궤를 옮기는 작업을 시행한다.

그러나 궤를 옮기는 과정에서 웃사가 죽는 일이 발생한다. 나래이터는 이 과정에서 하나님의 진노를 표현한다("여호와 하나님이 웃사가 잘못함으로 말미암아 진노하사 그를 그 곳에서 치시니 그가 거기 하나님의 궤 곁에서 죽으니라," 삼하 6:7).

'왜 다윗은 무리하게 법궤를 예루살렘으로 옮겨가고자 했을까? 신중하게 하나님의 명령을 수행하는 것^{법궤 이동}이었다면 왜 나래이터는 이 계획을 하나님의 명령이라고 설명하지 않았을까? 왜 다윗은 하나님이 웃사를 치셔서 죽게 하신 것에 그토록 화를 냈을까("여호와께서 웃사를 치시므로 다윗이 분하여…" 6:8a)? 혹시 다윗은 사울의 사후, 이스라엘을 통일 시키는 과정에서 법궤를 옮기는 것을 통해 자기의 왕권을 강화하려는 것은 아니었을까? 자기가 사울 가문의 적자가 아니니 자기의 왕위 즉위에 정통성을 위해 이미 다른 사람(발디엘)의 아내로 잘살고 있는 사울의 딸 미갈도 빼앗아오고(삼하 3:14-17), 게다가 법궤까지 이용해 자신의 왕권 수립에 명분을 삼으려 한 것은 아닌가?'라고 우리는 질문할 수밖에 없다. 만약 이 법궤 이동이 하나님의 명령이요 기뻐하시는 일이었다면 다윗은 웃사가 죽든 말든 그 법궤를 예루살렘으로 가져와야 하는데, 왜 다윗은 바로 가져오지 않고 다른 집에 방치했을까("다윗이 여호와의 궤를 옮겨 다윗 성 자기에게로 메어 가지를 즐겨하지 아니하고 가드 사람 오벧에돔의 집으로 메어 간지라," 삼하 6:10)? 다윗의 진정한 위기는 무엇인가? 혹시 하나님의 궤도 자기의 왕권과 명분을 위한 입신영달의 도구로 활용하려는 마음은 아닌가?'

이제 다윗은 요압을 시켜, 위기의 숙주宿主라고 여기는 우리아를 죽이기 위해 완전범죄를 꾸민다. 다윗의 모방폭력에 우리아는 철저히 희생되었다.[51] 이제 다윗은 안전한가? 자신의 위기는 끝이 났는가? 그러나 하나님은 나단을 보내 다윗의 진짜 위기를 말씀하고 있다. 그 위기는 다윗의 '변질된 태도'이다. 나단은 사무엘하 12장 9절과 10절에서 "업신여기다despise"라는 단어를 두 번이나 쓰면서 다윗의 '불손한 태도'를 지적하고 있다("그러한데 어찌하여 네가 여호와의 말씀을 업신여기고 나 보기에 악을 행하였느냐…(12:9a)", "이제 네가 나(하나님)를 업신여기고…(12:10a)". 다윗의 위기는 왕으로서 또 한 명의 아내를 만든 것이 아니다. 또 한 명의 아이를 만든 것이 아니다. 그 당시 전제 군주로서 다윗은 한 명의 아내를 임의로 더 하고, 거기서 생기는 아이 한 명쯤은 아무 문제가 아니었을 것이다. 다윗의 진짜 위기는 다윗의 태도였다. 하나님의 말씀을 경홀히 여기고, 하나님을 경멸한 태도, 그래서 모방폭력을 휘둘렀던 것이 그의 진짜 위기다.

마찬가지로, 나단의 비유에서 부자의 위기는 손님의 도착이 아니라 가난한 이의 딸과 같은 어린 양과 그의 상황에 대해 염려하지 않는 부자의 오만과 경멸의 태도이다. 부자는 가난한 사람의 삶을 망치는 것과 그의 위기가 관련이 있다는 것을 알지 못했다. 이러한 부자의 태도는 남의 것을 모방함에 아무런 존중의 마음을 갖지 않고 이미 자신에게 많은 양과 소가 있었지만 하나를 더 갖고자 하는 태도_{모방폭력}가 만들어 낸 것이다. 그는 자신의 양이나 소 중 어느 것도 죽이는 것을 매우 꺼렸다. 이런 식으로 그 비유는 다윗이 무엇을 했는지 어떤 거만하고 경멸적인 태도로 하나님과 사람을 무시하고 알아차리지 못했는지를 보여준다. 다윗의 모방폭력은 그의 실제 위기를 초래한다. 그래서 다윗은 그의 삶의 근본적 불안정한 삶으로 이어지는 모방폭력에 빠지게 된다.

네 번째로 지라르의 이론은 사회가 모방폭력에 직면할 때, 한 개인과 공동체는 희생자를 비난함으로써 위기를 해결하려 한다고 말한다.[52] 지라르는 모든 인간의 문화와 사회는 이렇게 작동하고, 인간은 이런 방식으로 욕망을 원하는 경향이 있으며, 평화를 가져오는 방법은 분쟁에 책임이 있는 사람들의 추방이라고 주장한다.[53] 다윗의 위기는 무엇인가? 앞에서도 언급했지만 그의 진짜 위기는 한 명의 아내를 더 얻는 것이, 한 명의 아이를 더 낳는 것이 아니었다.

그러나 다윗은 그의 진짜 위기를 알아차리지 못하고 그저 자신이 밧세바에게 한 일을 숨기기에 급급했다. 만약 다윗이 쉬지 않고 작동하는 삶의 엔진을 끄고 멈춤의 시간을 가졌다면 어떠했을까? 그를 이끌고 있는 욕망의 정체를 알아차리는 시간을 가졌다면 어떠했을까? 그러나 다윗은 자신을 성찰하는 시간을 갖지 않는다. 그저 거짓 자아의 허상으로 가득한 자기를 더욱 포장하고 참자아의 소리를 막고 숨기기에 급급하다.

결국, 다윗은 우리아를 삼 일간 머물게 하면서 그를 그의 아내와 함께 자도록 촉구한다(삼하 11:8-13). 다윗은 우리아가 자신의 명령을 따르지 않았고, 눈에 보이는 요소인 우리아가 여전히 다윗의 세계에 위협이 되고 있다는 것을 깨닫고 나서 그를 없애야 한다고 결심한다. 다윗이 이 위기를 통제할 수 있는 유일한 방법은 한 희생자에게 가하는 만장일치의 집단적 린치이다.[54] 다윗은 우리아를 탓하지 않고, 다만 우리아가 다윗의 위기에 대가를 치르게 하였다. 다윗은 우리아를 희생양으로 만들고, 요압과 함께 공모하여 다윗의 세계를 위협하는 모방폭력의 확대를 막을 방법을 찾아낸다.

아침이 되매 다윗이 편지를 써서 우리아의 손에 들려 요압에게 보내니, 그 편지에 써서 이르기를 너희가 우리아를 맹렬한 싸움에 앞세워 두고 너희는 뒤로 물러가서 그로 맞아 죽게 하라 하였더라(삼하 11:14-15).

나단의 비유에서, 부자가 여행자로 인해 재산(손님을 위해 자기 재산인 양을 죽이는 것)을 잃게 되었을 때, 그 부자는 자신의 위기를 해결하기 위해 희생양을 발견했다. 부자는 자기에게 온 여행자를 위해 음식을 준비하면서도 자기의 양이나 소를 잃고 싶지 않았다(삼하 12:4b). 그래서 부자는 자신의 가축을 아끼고 대신 가난한 사람의 딸 같은 어린 양을 죽임으로써 자신의 재산 손실의 위기를 해소한다. 가난한 사람은 그 부자의 딜레마에 아무런 책임질 일이 없음에도, 가난한 자는 부자에게 자신의 딸 같은 어린 양을 빼앗긴다. 이것은 어떻게 이 비유와 지라르의 이론이 다윗의 상황에 얼마나 잘 맞는지를 보여주는 좋은 예라할 수 있다.

다섯 째, 희생양은 양가 가치를 갖는다. 공동체에 갈등을 야기시켰기 때문에 매우 나쁘고 위험한 존재인 동시에, 축출되고 희생됨으로 그 공동체에 화해를 준 것으로 보이기 때문에 '화해자'로 여겨진다.[55] 우리아는 다윗 위기의 선동자이자 해결사 역할을 한다. 이 희생양 메커니즘에서 모든 부정적인 것은 희생양에게 전가되지만, 그 희생양은 그 공동체에게 화해를 선사하기에 희생양은 긍정적인 모습으로 평가받게 된다.[56] 우리 전래 동화에도 그런 예는 쉽게 찾아볼 수 있다.

〈심청전〉의 심청은 뱃사공들에게 꼭 필요한 존재이다. 심청이가 임당수에 빠져 죽어야만 옥황상제의 화를 풀어주기 때문이다. 심청이는 뱃사공들의 위기를 짊어지고 죽어야만 하는 '희생양'이다. 그러나 동시에 심청이는 뱃사공들에게 위기를 해결해준 '희생양'이다. 희생양에게는 이런 양가가치가 있다. 다윗에게 있어서도 우리아는 죽임을 당하면서 모든 부정의 짐을 짊어지고 축출당하는 존재이면서도 동시에 다윗의 위기를 짊어지고 다윗의 세계에서 사라지면서 역설적으로 긍정적인 역할을 하게 된다.

> 다윗이 전령에게 이르되 너는 요압에게 이같이 말하기를 이 일로
> 걱정하지 말라 칼은 이 사람이나 저 사람이나 삼키느니라 그 성을
> 향하여 더욱 힘써 싸워 함락시키라 하여 너는 그를 담대하게 하라
> 하니라(삼하 11:25).

다윗은 우리아가 죽었기 때문에 위기가 해결되었다고 생각한다. 그러나 이것은 조만간 새로운 문제를 일으킬 거짓 평화요 가짜 화해이다.

여섯째, 희생양이 양가 가치^{이중 전이} 역할을 하며 희생된 이후, 사회는 평화로운 상태로 돌아오는 것처럼 보인다. 이 희생양 메커니즘은 진실을 숨기고 있는 한, 잘 작동하는 것처럼 보이고, 가해자들은 피해자(희생자)가 무죄가 아니라 유죄라고 확신하며, 이 메커니즘이 효

과적이라고 여긴다.[57] 우리아를 희생양으로 제거한 이후, 사회 전체가 희생양 메커니즘의 결과로 질서 정연한 것처럼 보인다.

다윗은 우리아를 희생양으로 희생시킨 후 평화를 되찾았다고 여긴다. 이것은 종교와 문화의 핵심 부분이며, 폭력이 신성한 것으로 여겨지는 핵심 논리이다. 지라르는 모방욕망과 희생양을 만드는 것 사이의 관계를 문학으로 정립한다. 지라르는 이런 종교와 문화 안의 폭력성을 문학 안에서 발견하고, 많은 문학 작품 안에서 종교와 사회 기원을 모방욕망으로 생긴 모방폭력으로 설명하며, 이 문화를 '희생시키는 장치victimage mechanism'에 세워진 것이라고 설명한다.[58] 다윗은 우리아의 사망 보고를 받은 후, 그가 한 일과 그 이유를 덮는다. 다윗은 모방폭력의 원인과 추방된 희생자 우리아의 죽음의 진실성을 숨긴다. 다윗이 우리아와 요압의 입을 다물게mute[59] 한 뒤에, 그는 밧세바를 아내로 맞아들이며 자기만의 평화를 구가한다.

그 장례를 마치매 다윗이 사람을 보내 그를 왕궁으로 데려오니 그가 그의 아내가 되어 그에게 아들을 낳으니라. 다윗이 행한 그 일이 여호와 보시기에 악하였더라(삼하 11:27).

일곱째, 그러나 성경의 내러티브는 숨겨진 것을 드러낸다. 나단의 비유는 모방욕망의 피해자의 관점에서 사건을 재조사함으로써 희생양 메커니즘을 드러내고 그 악순환을 전복시키고 있다.[60] 이 독특하고 특별한 성경의 내러티브는 단순히 우리가 희생자들의 아픔에 동감하는 차원이 아니라, 사회 및 문화적 질서의 재창출과 새로운 확립에 중요한 역할을 함과 동시에 집단 폭력의 메커니즘에 저항한다.[61] 나단의 비유는 신화적 내러티브와는 다르게, 누가 가해자인지("당신이 그 사람이라…" 12:7), 어떻게 인간의 문화에 이런 파괴적 메커니즘이 살인적으로 자리 잡았는지("네가 칼로 헷 사람 우리아를 치되 암몬 자손의 칼로 죽이고 헷 사람 우리아를 치되…"), 무엇이 다윗의 진짜 위기인지("어찌하여 네가 여호와의 말씀을 업신여기고 나 보기에 악을 행하였느냐… 네가 나를 업신여기고…" 12:9-10) 밝히 드러낸다.

비록 부자 다윗은 가난한 자의 어린 양이 죽음으로 그의 양이나 소가 손실되지 않은 것에 만족했지만, 하나님은 그 부자 다윗의 모방 폭력과 희생양 메커니즘에 기초한 삶의 태도를 아시고 그가 한 일을 기뻐하지 않으셨다("… 다윗이 행한 그 일이 여호와 보시기에 악하였더라," 11:27b). 성경은 하나님이 그 희생자의 옆에 서서 누구도 듣지 않는 그들의 얘기에 경청하시고, 그 메커니즘을 드러내시고,[62] 가해자들이 무슨 짓을 했는지 고발하시고,[63] 그들이 바뀔 수 있도록 돕고 계신 것을 증언한다. 필자는 위에서 설명한 지라르의 일곱 가지 개념이 어떻게 사무엘하 11-12장의 이야기에서 작용하는지 보여줬고, 어떻게 이 내러티브가 열린 독자들을 이야기의 세계로 초대하는지를 보여주었다. 이러한 해석학적 독서는 열린 독자의 세계를 오히려 해석한다.

필자는 거창한 프랑스의 인문학자이자 인류학자인 르네 지라르의 '모방욕망'을 끌어와 성경의 한 특정 본문을 해석하는 흥미로운 시간을 가졌지만, 다시 삶의 멈춤과 자기 성찰의 문제로 돌아가고 싶다. 만약 다윗이 자기의 욕망을 스스로 알아차렸다면, 만약 우리아를 불러와서 자신의 완전범죄를 하려는 자기의 욕망을 알아차렸다면, 요압에게 편지를 써서 우리아를 적진의 중심부에 넣어 죽게 하려는 자신의 욕망을 알아차렸다면, 다윗은 그 괴물처럼 변해버린 자신의 모습 앞에 더 일찍 회개하고 돌이켜 하나님께 칭찬받던 '순수한 다윗'으로 회귀할 수 있었을 것이다. 그렇다. 멈춰서 자신을 성찰하는 것이다. 지금 우리 기독인에게 필요한 것은 그 잘난 '파워, 케파 즉 엔진의 용량'을 늘리는 것이 아니다. 800cc급 인생 엔진을 몰다가 1,500cc도 만족하지 못하고 2,500cc 급기야 4,000 마력 엔진을 내 중심에 장착하는 것이 목표가 되면 안 된다. 더 빨리, 더 많이, 더 높이 가는 것이 우리의 부르심이 아니다.

지금 한국교회가 그렇다. 예수님은 더 낮은 곳으로 가시려고 아침마다 새벽 미명에 기도하시며 자기의 갈망을 알아차리는 시간을 가지셨는데, 한국교회는 더 높은 곳으로 올라가려고 더 큰 엔진을 장착하는 데만 혈안이다. 멈추지 않으면 보이지 않기에, 보지 않고 앞만 보며 달려간다. 어디로 가는 줄도 모르고 그저 열심히만 달린다. 비극은 혼자 가지 않고 우매한 성도들, 착한 성도들, 목사 말이라면 무조건 복종만하는 순박한 성도들까지 죽이려고 어디로 가는 줄도 모르고 그저 빨리만 달리는 것이다. 그 앞에 낭떠러지가 있는 줄도 모르고 멈추지 않고 달린다.

3부

멈춤의 길: 침묵

하염없이 달리고자 하는 이 욕망을 어떻게 다스릴 수 있는가? 히브리 문학에 의하면 인간은 '불덩어리, 열정 덩어리'인데 그래서 늘 무엇엔가 목표를 향하여 활활 타오르는 욕망덩어리로 바뀔 수 있는 존재인데, 어떻게 하면 우리는 이 불로 나도 태우고 남도 태우는 상처와 폭력의 도구가 아닌 나도 살리고 세상을 따뜻하게 데우는 불덩어리로 만들 수 있을까? 그것은 각자에게 있는 열망이 어디서부터 왔는지 멈춰서 알아차리는 시간이 있어야 한다.

르네 지라르의 모방욕망의 중요한 시작점도 이것이다. 내 열망, 내가 정말 원하는 것이 무엇인지 침잠이 멈춰서 보는 시간이 없으니 알아차리지 못하고 남의 것을 모방하고 그것이 내 것인 줄 착각하며 산다는 것이다. 내가 정말 하고 싶은 것을 찾지 못하고, 엄마가 아빠가 의대 가라고 하니 의대를 준비하는 중고생처럼 살아가지는 않는가? 우리는 마치 버젓이 한 가정을 잘 꾸리며 살아가던 런던 증권 브로커였지만, 중년의 나이에, 드디어 자기의 열망을 쫓아 처자식과 직업을 다 버리고, 맨몸으로 집을 나가 몽마르트 언덕에 이젤을 놓고 그림을 그리고 싶어 하는 폴 고갱Paul Gauguin64처럼 살아가지는 않는가?

그렇다. 요즘 현대인들은 '내가 정말 뭘 원하지?'라고 스스로 물어볼 여유도, 물어볼 생각도 하지 못하고 내몰리듯 살아간다. 그저 성공이라는 이름의 남의 것만 모방하다가 유형, 무형의 모방폭력(주식, 부동산, 영끌 전세, 시기, 질투, 음해, 열등감, 우월감, 희생양 만들기 등)에 영혼이 탈탈 털리고 만다. 그래서 멈춰야 한다. 멈춰서 나의 내면, 갈망, 내가 정말 뭘 원하는지 물어보는 시간을 가져야 한다.

침묵의 의미

그러면 멈춰서 어떻게 내면을 볼 수 있는가? 그런 훈련이 기독교 영성 전통 안에 있는가? 있다. 그것이 '침묵'이다. 침묵은 '침묵기도'가 아니다. 보통 침묵을 하자고 하면 개신교인들은 조용히 '기도'한다. 뒤에 다시 언급하겠지만 기도의 시작은 전적인 자기 수동^{자기 비움}인데, 우리의 기도는 언제나 내가 주체가 되어 능동적으로 욕망을 쏟아내는 시간으로 사용한다. 물론 이런 '청원 기도'는 가장 익숙하고 자연스러운 형태이다. 그러나 청원 기도는 어떤 마술적인 능력을 구하는 시간이 아니다. 청원 기도에는 그저 우리의 삶 속에서 하나님이 적극적으로 활동하시도록 초대하는 것 외에는 아무것도 없다.[65]

그렇지 않으면 그런 기도는 내 욕망의 발현이지 하나님과의 대화도, 하나님과의 소통도 아니다. 그래서 전적인 수동의 형태인 '침묵'이 중요하다. 침묵으로 시작하는 기도는 자연스럽게 자기 비움, 자기 부인, 자기 욕망의 맨 얼굴을 보는 시간이 된다. 이런 기도는 침묵으로 시작된다.

침묵은 단지 말을 멈추는 것이 아니다. 침묵이란 단순히 말에서의 해방이 아니다. 침묵은 소란스러운 세상에서도 불편심(치우치지 않는 마음)을 경험하면서 사는 것이다. 침묵의 삶이란 세상 안에서 살지만 세상에 속해서 사는 것이 아님을 알려준다. 그러므로 침묵은 늘 소란스럽고 분주한 자아의 내면을 훈련시키는 것이며, 내면세계에 귀를 기울이는 것이다.[66] 침묵은 내면세계에 귀를 기울여서 자기가 정말 무엇을 원하는지, 자기가 왜 여기까지 왔는지, 자기가 왜 저기까지 가려는지, 자기의 갈망을 보게 한다.

예수님도 새벽 미명마다 혹은 시간이 되는대로 군중의 복잡함을 피해 침묵으로 나아가셨다(막 1:35).[67] 또한 사람들의 욕망으로 가득 찬 순간―예를 들면 간음하다 붙잡힌 여인을 어떻게 판단하나 시험하는 그 순간[68], 헤롯 등 종교지도자들이 예수님의 입을 열어 어떤 증좌를 잡아 십자가에 못 박음[69]으로 자기 욕망의 도구로 쓰려고 하는 순간―에도 예수님은 어떤 말보다 '침묵'으로 사건을 정리하셨다.

그래서 첫 복음서인 마가복음은 복음의 시작을 침묵의 상징인 광야에서 연다. "하나님의 아들 예수 그리스도의 복음의 시작이라…광야에서 외치는 소리가 있어 이르되…"(막 1:1, 3). 복음 자체이신 예수님의 시작도 광야이다. "성령이 곧 예수를 광야로 몰아내신지라"(1:12). 이렇듯 복음이 시작된 곳은 광야이다. 마가복음에 따르면 복음이 시작된 곳을 광야라고 명시한 것엔 큰 의미가 있다. 왜냐하면 첫째, 광야는 조용한 곳이다. 광야는 조용히 멈춰서 자신을 볼 수 있는 시간을 갖게 하는 곳이다. 성찰의 장소이다. 남의 시선을 의식하지 않는 곳이다. 남이 나를 주장하지 않는 곳이다. 광야에서 시작된 복음은 나를 돌아보라고 권유한다. 삶 속에서 이런 광야와 같은 돌아봄의 시간이 없다면, 내게 복음은 시작되지 않는다.

둘째로, 광야는 외로운 곳이다. 철저하게 혼자가 되는 곳이다. 사람도, 인터넷도, 약속도, 책도, 가족도, 자녀도 없는 곳이다. 오직 나와 하나님만 만나는 곳이다. 단독자로 설 수 있는 시간이다. 복음이 광야에서 시작되었다는 것은 철저하게 외로움의 시간을 통해 홀로서야 함을 말하고 있다. 멈추고 성찰할 때 남이 주는 평가와 시선으로부터 자유로워지고 그 타인성을 배제하고 홀로 설 수 있다. 그것이 광야에서 시작된 복음의 힘이다.

이런 광야에서 시작된 복음의 정신을 가지고 예수님의 제자 무리는 광야로 나아갔다. 특히 믿음의 선배들에게 큰 역사적 사건이 된 것이 기독교 공인 이후 신앙의 도전이 왔다. 콘스탄티누스 황제의 기독교 공인 이후(313년), 기독교 신앙의 순수성이 변질되기 시작했다. 황제는 기독교에 면세를 확대했고 절기를 존중했으며 자연히 출세를 위해서 기독교로 개종하는 사람들이 많아졌다. 불로 시험을 받던 교회가 이제는 화려한 유혹으로 시험을 받았고, 한때는 불꽃 속에 던져졌던 성경이 이제는 현란하게 제본되고 황금과 보석으로 꾸며졌다. 점차 많은 사람이 세속적 동기로 성직자 세계에 들어와 정치적 야심으로 교회의 세속화를 가중시켰다. 이런 세속화를 더이상 눈 뜨고 볼 수 없었던 신실한 사람들은 결단해야만 했다. 남아서 세속화와 싸울 것인가 아니면 그곳을 떠나 제2의 순교의 장소로 떠날 것인가? 많은 사람은 그곳에서 남아 싸웠지만, 몇몇은 '백색 순교'의 장소인 사막과 광야로 떠났다. 그리고 이내 그들의 헌신에 동참하는 무리가 많아져 광야는 곧 도시가 되었다.

침묵을 경험한 사람들

이렇게 광야와 사막으로 들어간 백색 순교자들은 4세기와 5세기에는 이집트, 팔레스타인, 시리아에서 침묵의 힘을 경험했던 자들이었다. 그들에게 있어서 이런 침묵은 영적 생활에서 정상적이고 필요한 것이며 건강하기까지 하다고 믿었다. 침묵을 통해 이 세상에 사는 목적은 편안함과 번영과 성공이 아니라, 하나님과 친밀해지고 인격이 성숙하며 이 세상에 영향을 끼치는 것이라고 믿었다.

언젠가 익명의 사막 성자 한 분이 말했다. 비록 삶이야 고달프겠지만 함께 할 때 제자도의 진보가 이루어질 것을 알면서도 "그리로 가지 않는다면 그는 무신론자"다.[70] 광야는 이렇게 수많은 기독인에게 침묵 훈련의 장소로, 이 침묵을 통한 영성 훈련의 현장으로 인식

되었다. 그래서 더 깊은 무정념을 통한 하나님과의 연합을 추구했다. 이런 침묵과 내적 고요를 추구했던 사막 교부들의 금언들을 몇 개 소개한다.

압바abba 안토니오스가 말했다. 물고기가 물 밖에 오래 머물면 죽어 버리듯, 수실기도실 밖에서 꾸물거리거나 세상 사람들과 함께 시간을 보내는 수도자는 내적 고요의 긴장이 풀리게 된다. 그러므로 물고기가 바다를 향하는 것처럼, 우리는 수실을 향해 서둘러가야 한다. 밖에서 꾸물거리다 보면 내적인 경계를 망각할까 두려워해야 한다.

_ 안토니오스 10[71]

압바abba 디아도코스가 말했다. 목욕장의 문이 계속 열려 있으면 열기가 아주 빨리 밖으로 달아난다. 이처럼 영혼이 구구절절이 이야기하고 싶어지면, 설령 선한 것들을 말하게 된다 해도, 영혼 자신의 열기가 언어라는 문으로 달아나는 법이다. 그러므로 적절한 침묵이야말로 선한 것이다. 이는 아주 현명한 어머니와 닮았기 때문이다.

_ 디아도코스, 『영적인 백계』 70[72]

수다는 자신을 과시하고 자랑하기를 즐기는 허영의 보좌입니다. 수다는 무지의 조짐이요, 비방에 이르는 문이요, 희롱의 인도자요, 거짓말의 종이요, 양심의 가책의 멸망이요, 낙담의 호출자요, 잠의 사신이요, 평정한 마음의 소실이요, 경계의 종식이요, 열심의 냉각이요, 기도를 혼란하게 하는 것입니다.[73]

지혜로운 침묵은 기도의 원천이요, 속박으로부터의 자유요, 열심의 보호자요, 우리 생각의 파수꾼이요, 원수들을 지키는 불침번이요, 애통의 감옥이요, 눈물의 친구요, 죽음에 대한 확실한 묵상이요, 판단에 대한 관심이요, 번민의 종이요, 방탕의 원수요, 정적자요, 독단론의 반대자요, 지식의 성장이요, 관상기도의 조력자요, 감추어진 진보요, 천상을 향한 은밀한 여정입니다. 자기의 죄를 인정하는 사람은 혀를 제어한 사람이요, 수다쟁이는 아직 자신을 발견하지 못한 사람입니다.[74]

압바abba 시소에스가 하루는 말을 함부로 하는 것에 대해 이야기했다. 내 말 좀 들어보게. 서른 해 동안 나는 내 죄에 대해서 더이상 하나님께 빌지 않았지만, 이런 기도를 올린다네. '주 예수 그리스도시여, 내 혀에서 나를 지켜 주십시오.' 그런데 여태껏 나는 혀 때문에 죄를 짓고 넘어진다네.[75]

현대를 살아가는 기독인들에게 과연 광야의 선배들의 모습이 얼마나 도전이 될 수 있을까? 속도전에 내몰린 현대 기독인들에게 과연 광야에서의 '멈춤'과 '침묵'이 의미 있게 다가올 수 있을까? 토마스 머튼은 우리가 성공을 위해 미칠듯한 속도로 질주하는 삶의 패턴은 영적 건강을 위협한다고 우려한다. 그는 많은 사람이 영적 삶에서 진보하지 못하는 것은 늘 '급한 일'에 매달리기 때문이라고 진단한다. "끊임없는 활동에 대한 욕망, 결과에 대한 노골적 갈망에 굶주린 끝없는 성취욕, 가시적이고 만질 수 있는 성공에 대한 욕망에 눈이 먼 채, 동시에 열두 가지 일로 바쁘지 않고는 하나님을 기쁘시게 한다고 믿을 수 없는 상태에 빠져든다."[76]

그렇다. 현대 문화는 영적 삶을 살아가려는 기독인들에게 우호적이지 않다. 현대 문화는 우리를 지나치게 바쁘고 지나치게 가득 찬 야망 덩어리로 부추기고 조장한다. 결코 자족하지 못하게 만든다. 포이어바흐Ludwig Andreas von Feuerbach의 말처럼 무엇을 먹는지를 보면 그가 누군지 아는데, 우리는 그저 유물론자의 상속자처럼 세상의 것을 내 영혼에 채우기 급급하다. 하나님의 사람들은 모든 갈망을 하나님의 갈망으로, 하나님을 향한 배고픔으로 채워야 하는데[77] 우리는 너무 바쁘고 너무 경쟁적이어서 잠시 멈춰서 하나님을 먹고 하나님으로 채울 여유가 없다. 그러니 우리의 호흡은 거칠어지고, 우리의 숨은 얕아지고, 우리의 시선은 늘 가벼운 것에 빼앗기게 되어 하나님의 깊은 초대에 응하지 못한다. 그 성찬에 참여하지 못한다. 늘 급하게 쓰레기통만 뒤지다 인스턴트에 우리의 영혼을 채우고 만다. 깊어지지 못한다. 아주 가벼운 기독인, 품위 없는 기독교가 되어 버렸다.

3장

침묵: 깊은 호흡의 회복

어떻게 하면 기품이 있고, 품격이 있고("모든 것을 품위 있게 하고," 고전 14:40), 깊이가 있는 신앙인으로 회복될 수 있을까? 하나님은 태초에 인간을 창조하시고 그 코에 생기를 불어 넣어주셨다. "여호와 하나님이 땅의 흙으로 사람을 지으시고 생기를 그 코에 불어 넣으시니 사람이 생령이 되니라(창 2:7)." 왜 하필 '생기'일까? 왜 하필 '숨'일까? '정신을 넣으셨다' 혹은 '황금을 넣으셨다'거나 아니면 그리스 로마 신화의 테미스 여신이 테우칼리우스에게 알려준 방법대로 '돌'을 넣지 않으셨을까?[78]

그것은 하나님의 이름과 관련이 있는 듯하다. 리차드 로어^{Richard} Rohr는 하나님의 이름인 '야훼^{יהוה, Yahweh}'의 이름이 인간들의 들숨과 날

숨의 숨소리를 시늉하여 만든 것이라고 설명한다. 그러기에 하나님의 이름인 '야훼'는 발음될 수 있는 게 아니라, 숨으로 쉴 수 있는 것일 뿐이라고 설명한다.[79] 그리고 보니 '야훼'의 이름인 신성사자神聖四字. Tetragammaton '요드', '헤', '바브', '헤'는 들숨과 날숨으로 발음하게 되어있다. '요드' 하면서 들이마시고, '헤' 하면서 내쉬고, '바브' 하면서 들이마시고, '헤' 하면서 내쉬도록 되어있다. 왜 하나님은 당신의 이름을 숨 쉬는 것과 연관을 시키셨을까? 그것은 하나님이 인간에게 이 숨을 공유하기 원하신 것이다. 인간은 하나님을 먹어야 살 듯이[80], 하나님을 공기처럼 마셔야 참 인간이 됨을 나타낸다. 그래서 태초에 수면 위에 운행하시던 하나님의 영(루아흐: 거룩한 숨, 바람, 창 1:2)이 인간에게 들어와서 인간은 생령이 되었다(창 2:7). 이제 모든 인간은 하나님을 마시므로 얕은 것에 마음 뺏기지 않는 깊은 호흡의 존재가 되었다.

하나님을 먹어야 세상의 어떤 갈증도 느끼지 않는 것처럼, 하나님을 마셔야 얕은 호흡, 얕은 생각, 얕은 시선, 얕은 욕망에 마음을 빼앗기지 않는다. 하나님을 깊게 마셔야 "깊은 데로 가서 그물을 던지라(눅 5:4)"라는 예수님의 명령의 의미를 알 수 있다. 그러나 죄로 인해 이 호흡이 짧아졌다. 예레미야 2장 13절의 말씀처럼 '깊은 숨, 깊은 물(생수)의 근원'이신 하나님을 버리고 나니, 인간은 갈증과 얕은 호흡으로 살아간다. 그래서 스스로 물을 저장하기 위해 웅덩이를 파고 스스로 자가 호흡을 하기 위해 산소 마스크를 착용하나 이는 터진 웅덩이고 바람 빠진 산소통이었다. 인간은 더욱 초조해졌다. 하나님을 버렸으니 숨의 근원인 하나님을 버렸으니 얕은 숨, 거친 숨을 몰아쉬며 겨우 연명하고 있다.

우리 인간의 인생도 비슷하다. 어린아이의 순수함이 나이가 들수록 얕은 것만 바라보며 급히 숨을 내쉬며 살아가나 깊이는 없어지고, 바쁘게 살아가나 품격은 사라진 인생이 되고 만다. 엄마 품에 편히 안긴 아이를 보라. 깊은 '복식 호흡'을 안정적으로 길게 들이마시고 내뱉는다. 그러다 청년과 중년이 되면 보통 가슴으로 숨을 쉬는 '가슴 호흡'을 한다. 그러나 죽게 되는 순간 '목 호흡'만 한다. 목으로만 숨을 쉰다. 그래서 '목숨'이라고 부른다. 왜 인간은 바쁘게 살면 살수록 열심히 살면 살수록 깊은 숨을 쉬지를 못하고 얕은 것에 마음을 빼앗기며 살아가는 것일까? 예레미야 말씀처럼 '생수의 근원' '호흡의 근원'이신 하나님을 버렸기 때문이다.

그런 갈증을 느끼던 니고데모는 예수님을 찾아왔다. 그러자 예수님은 뜬금없이 '바람' 이야기를 하신다. "바람이 임의로 불매 네가 그 소리는 들어도 어디서 와서 어디로 가는지 알지 못하나니 성령으로 난 사람도 다 그러하니라"(요 3:8). 거듭나기를 원하는 니고데모에게 예수님은 왜 바람 이야기를 하신 것일까? 여기서 바람은 창세기 1장의 '하나님의 영'인 '루아흐^{푸뉴마}'이다. 즉, 하나님의 영이 임하는 것은 바람이 부는 것과 같이 예측할 수도 없고, 내가 조절^{control}할 수도 없는 하나님이 하시는 것이란 말이다. 우리는 그저 다시 새 숨, 새 호흡으로 태어나기를 사모하면 되는 것이다. 그럼 어디서 왔는지 알 수 없는 새 생명^{호흡, 바람}, 인간이 조절할 수 없는 새 생명^{호흡, 바람, 숨}이 우리에게 온다는 것이다. 그것이 새 생명, 호흡^숨, 영^{바람}의 의미이다. 죄로인해 잃어버린 하나님의 깊은 호흡^숨, 하나님을 마셔야 살 수 있는 이 호흡을 이제 성자 하나님이신 예수님이 부활 후에 다시 넣어 주신다. 부활 후, 제자들에게 나타나신 예수님은 제자들을 향해 "숨을 내쉬며(요 20:22)" 성령을 받으라 말씀하신다. 그렇다. 이 깊은 호흡의 회복, 하나님을 먹어야 살 듯, 하나님을 마셔야 사는 것이 우리네 인생이다.

이 깊은 호흡의 시간이 침묵이다. 침묵할 때, 내 삶을 움직이는 나의 갈망과 야망의 엔진을 끌 수 있다. 침묵할 때, 나를 비탄에 빠뜨리고 잠 못 들게 하는 그 친구의 말에 휘둘리는 내 감정, 그 밑의 진짜 감정을 볼 수 있다. 침묵하지 않으면, 내 호흡을 안정시키지 않으면, 표면적인 내 욕망에만 휘둘리기 쉽다. 침묵하지 않으면, 겉으로 일어나는 찰나적 감정이 내 진짜 감정인 줄 안다. 이런 얕은 성찰이 아닌, 깊은 성찰로 들어갈 수 있는 방법, 얕은 호흡이 아닌 깊은 호흡으로 들어갈 수 있는 방법이 '침묵'이다.

그래서 믿음의 선배들은 더 차원 높은 침묵을 갈구했다. 그것을 순금이나 특별한 보화처럼 귀하게 여기고 그것을 보존하고 지키려 했다. 토마스 머튼은 침묵 속에서 하나님의 말씀이 방문한다고 했다. 그는 "침묵하지 않고는 우리 자신이 무엇을 하는지 알 수 없으며 우리가 활동하는 이 세계가 지닌 의미를 이해할 수 없다"고 말하고 있다.[81]

어떤 카르투지오Carthusian 수도자는 침묵의 12단계를 이렇게 말하고 있다.

1) 피조물과 말을 멈추고 하나님과 많은 대화를 하는 단계

2) 일과 외면적인 움직임에 대해서 침묵하는 단계

3) 상상의 침묵

4) 기억의 침묵

5) 피조물들에 대한 침묵

6) 감성heart의 침묵

7) 인간 본성에 대한 침묵

8) 마음mind의 침묵

9) 판단의 침묵

10) 의지의 침묵

11) 자신과의 침묵

12) 하나님과의 침묵[82]

이렇듯 침묵은 전적인 자기 죽음의 표시이며, 인간의 노력으로는 하나님과의 연합으로 나아갈 수 없다는 겸손의 표시이며, 언어로 교통할 수 없는 영의 하나님을 깊이 호흡하고 교제하고자 하는 하나님을 향한 인간의 최고의 갈망이다.

침묵을 통한 의식 성찰

그렇게 침묵을 통해 깊은 호흡이 회복되면, 그렇게 멈춤을 통해 나를 움직이게 하는 엔진을 끄고 나면, 내가 듣지 못했던 나의 참자 아의 소리를 듣게 된다. 내가 평소에 무시했던 사람의 소중한 소리를 듣게 된다. 무엇보다도 하나님의 소리를 듣게 된다. 이제 내 안의 불, 욕망이 아닌 하나님의 불을 잘 간수하는 훈련이 시작된다. 포티케의 디아도쿠스 주교가 아주 생생한 비유를 들려준다.

한증막의 문을 계속 열어 두면 열기가 금세 빠져나간다. 마찬가지로 영혼도 입이 근질거리면 말이라는 문으로 하나님의 잔상을 다 날려 보낸다. 아무리 선한 말이라도 상관없다. 그러고 나면 지식인은 사고가 충분히 무르익지 않았는데도 아무한테나 혼란스러운 생각을 마구잡이로 쏟아낸다. 지성에 망상이 끼어들지 못하게 막아주시는 성령을 외면한 결과다. 가치 있는 사고는 늘 다변을 삼가며 혼란이나 망상과 거리가 멀다. 따라서 때에 맞는 침묵은 소중한 것이다. 침묵이야말로 가장 지혜로운 사고의 어머니다.[83]

이런 침묵을 통해 얻는 가장 큰 선물은 '알아차림Awareness'이다. "어찌하여 형제의 눈 속에 있는 티를 보고 네 눈 속에 있는 들보는 깨닫지 못하느냐"(마 7:3). 우리는 이 말씀을 읽을 때, '티'와 '들보'의 단어를 비교하며 내가 남의 들보를 본 것에 대한 죄를 회개하곤 한다. 그러나 이 말씀에서 또한 주목해야할 단어는 '보고to see'와 '깨닫다to be aware of'이다. 우리는 남의 잘못은 쉽게 본다. 관심 있게 보지to look at 않아도 너무 잘 보인다to see.

그러나 내 마음은 쉽게 안 보인다. 내가 멈춰서 나를 작동하는 나의 욕망의 엔진을 끄지 않으면 나의 거짓 자아를 잘 알아차리지to be aware of 못 한다. 내가 내 마음을 잘 알아차리지 못하면 내 마음임에도 불구하고 '나도 내 마음을 모른다.' 왜 내가 이렇게 열 받는지, 왜 내가 이렇게 우울한지, 왜 내가 이렇게 불안한지 모르고 그냥… 산다. 내가 불안하니 종교적 행위만 쌓는다. 그러는 순간 기독교는 종교적 모양만 남지 더이상 영적이지 않다. 하나님은 나를 멀티태스킹^{multi-}tasking 잘하는 봉사자로 부르시지 않았다. 하나님은 우리의 교회를 내 맘에 맞는 사람들을 만나는 친목회나 자기 넋두리를 털어놓는 찜질방으로 부르시지 않았다. 좋은 강좌로 내 지적 고양을 돕는 세미나실로 만들지 않으셨다. 하나님은 우리 기독인들과 교회를 예수 그리스도로 먹고, 예수 그리스도를 숨 쉬는 깊은 소통^{communion}과 사귐의 장소로 부르셨다. 이런 본질적인 하나님 경험과 하나님 경험을 통한 자기 성찰 없이 더 많이 봉사하면, 더 많이 헌신하면, 더 바빠 순종하면 할수록 나는 껍데기만 번지르르해질 뿐, 내 내면은 공허해진다. 내가 어떤지 내게 한 번도 물어본 적이 없기에 나도 나를 잘 모른다. 그냥 그러고 산다.

세탁소에 갓 들어온 새 옷걸이한테
헌 옷걸이가 한마디 하였다.
"너는 옷걸이라는 사실을 한시도 잊지 말길 바란다."
"왜 옷걸이라는 것을 그렇게 강조하시는지요?"
"잠깐씩 입혀지는 옷이 자기의 신분인 양 교만해지는
옷걸이들을 그동안 많이 보았기 때문이다."

_ 정채봉, 『처음의 마음으로 돌아가라』

그래서 믿음의 선배들은 자기의 엔진을 끄고, 매일 저녁 하루를 돌아보며, 침묵 속에서 깊은 호흡의 시간을 가졌다. 기독교 역사에서 의식 성찰은 오랜 전통을 가진 고전적 영성 훈련이다. 기독교 초기의 사막 교부들(주로 2-5세기의 사막 수도사들)은 악한 생각으로 인해 영혼이 황폐해지지 않도록 주의하고, 경계하며, 마음을 지키라고 권면했다. 그래서 매일 하나님의 뜻대로 살았는지 성찰해야 한다고 가르쳤다. 영혼에 들어오는 악한 생각을 의식하는 순간 즉시 제거하지 않으면 결국은 영혼이 쓰레기로 가득 찬 집처럼 될 것이기 때문에 항상 정신을 차리고 깨어 있으라고 가르쳤다.[84]

그럼 어떻게 의식 성찰할 수 있을까? 이냐시오는 다섯 가지 항목으로 정리했다. 이 의식 성찰 있어야 영신 수련으로 들어갈 수 있다고 강조한다.

1) 이미 받은 은총에 대해서 우리 주 하나님께 감사를 돌려라.

2) 나의 죄를 인식하고, 그것들을 청산할 수 있는 은총을 간구하라.

3) 아침에 일어나서부터 이 시점까지 혹은 지난날의 각 시기에 따라 생각과 말과 행동에 대해서 자기 양심이 어떠했는지 자세히 성찰하라.

4) 나의 잘못에 대해서 우리 주님께 용서를 구하라.

5) 하나님의 은총으로 말미암아 잘못된 부분을 뉘우칠 뿐만 아니라 수정할 결심을 하라.[85]

필자가 교회 현장에서 의식 성찰을 지도하면서 아주 간략하게 메뉴얼화한 것이 있다. 아무리 좋은 것이라도 대중목회 현장에서는 쉽고 명료해야 한다. 그래서 '3, 3, 3삼삼삼'이라고 부르는 '의식성찰'을 지도한다. '3, 3, 3'은 총 3번의 침묵을 3분씩 한다는 의미이다. 의식 성찰 전에 먼저 준비하는 시간을 갖는다. 준비는 '감사와 죄 고백' 시간이다. 침묵 속에서, 오늘 하루 내게 주신 은혜에 감사하고 그 은혜를 거부한 나의 죄를 고백하면서 다시 하나님과의 연합을 사모하는 것이다.

이 준비 과정을 마치고 이어지는 첫 3분 침묵 시간에는 내가 주인공이 되어 살아온 나의 하루를 되돌아보는 것이다. 내가 하루 동안 찍은 나의 영화 필름을 되돌린다는 마음으로 머물러 본다. 영화 필름을 되돌려 보는 것처럼 잠잠히 나를 바라본다. 그때 여러 사건이 스쳐지나갈 것이고 그 사건 때문에 쏟아진 감정들이 나를 움직일 것이다. 그중에 지금 내 마음을 지배하는 어떤 감정 '하나'에 집중한다. 억울함, 분노, 섭섭함, 혹은 기쁨, 기대일 수 있다. 그러나 이것은 아주 피상적인 첫째 감정일 수 있다.

두 번째 3분 침묵에서는 첫 3분 침묵에서 알아차린 감정 밑에 있는 '더 깊은 감정'(혹은 진짜 감정)을 알아차린다. 침묵하면서 더 깊이 들어가 본다. 예를 들면, 첫 침묵에서 오늘 만난 옛 친구와 대화 중에 어떤 말이 '섭섭함'의 감정을 가져다주었는데, 두 번째 침묵에서 더 깊은 감정으로 들어가 보니 '섭섭함'의 기저에는 그 친구에 대한 '열등감'이 있음을 알아차리게 되었다. 그러니, 나의 지금 우울한 감정의 원인은 그 친구에게 있는 게 아니라 그 친구에 대한 열등감의 감정, 즉 나에게 있음을 알아차린 것이다.

세 번째 3분 침묵은 첫 번째와 두 번째 침묵을 통해서 알아차린 내 감정을 주님께 그대로 올려드리는 것이다. "참 힘드네요, 주님", "난 왜 이럴까요, 아직 멀었나요?", "왜 나에게만 이런 일이 있었습니까!", "무섭습니다, 아버지", "끝은 있긴 있는 건가요?" 그냥 그렇다고 말하는 것이다. 하나님이 멀리 계시다고 느껴지는가? 그 마음을 그저 고백하는 것이다. 그리고 침묵한다. 하나님의 영이 나와 함께 계심을 느낀다. 의식 성찰의 목적은 내가 내 마음의 감정의 검사劍士가 되어서 낱낱이 조사하는 것이 아니다. 그분의 사랑을 깊이 경험하는 것이다. 첫 번째 두 번째 침묵 시간에 나를 분석하는 것이 목적이 아니다. 의식 성찰의 목적은 나를 멈추는 것이다. 나의 엔진을 끄는 것이다. 그리고 나의 얕은 호흡을 좀 더 깊게 내쉬는 것이다. 더 깊게 내 호흡과 영을 내쉬고 들이마시며 하나님을 마시는 것이다. 다시 하나님과 호흡하는 것이다. 다시 하나님과 연합하는 것이다. 그리고 내가 알아차린 감정을 그저 말하는 것이다.

〈실습: 3.3.3/의식성찰〉

– 준비: 감사와 회개

1. 첫 3분간 침묵
   1) 지난 하루의 나의 감정을 살핀다. 생각을 펼치지 말고 하나님의 초대 안으로 들어간다.
   2) 그리고 침묵한다.

2. 두 번째 3분간 침묵
   1) 처음 3분간 침묵하면서 발견한 감정. 그 밑바닥에 있는 진짜 감정에 집중한다. 그렇게 느낀 그 기저를 그냥 바라본다.
   2) 그리고 침묵한다.

3. 세 번째 3분간 침묵
   1) 알아차린 마음만큼만 가지고 하나님께 나아간다. 그리고 그냥 그렇다고 말한다. 하나님과의 깊은 대화를 이어간다.
   2) 유창한 말의 향연(기도)이 아니라 그분 안에 그냥 안기는 시간을 갖는다.

– 마무리: 감사와 사랑 고백으로 정리한다.

5장

침묵에서 기도로 나아감

이렇게 침묵 속에서 나를 움직이는 삶의 엔진을 끄고 멈추어 내 갈망을 알아차리고 침묵 안에서 주님의 소리를 듣게 된다. 그리고 그분께 내 마음이 그렇다고 말하는 것이다. 그것이 기도다. 토마스 머튼도 기도를 "침묵 안에서 듣기"라고 정의했다.[86] 완전한 수동으로 주님 앞에 머물면, 이제 참 기도가 된다. 이런 의미의 기도를 잘 보여 주는 본문이 있다. 요한복음 2장 1-3절이다.

> 사흘째 되던 날, 갈릴리 가나에 혼례가 있어 예수의 어머니도 거기
> 계시고, 예수와 그 제자들도 혼례에 청함을 받았더니, 포도주가 떨
> 어진지라. 예수의 어머니가 예수에게 이르되 저들에게 포도주가 없

다 하니.

그런데 이 본문은 기도라는 주제와는 그다지 아귀가 맞는 말씀처럼 보이지 않는다. 본문은 우리가 잘 아는 예수님의 첫 이적인 '물로 포도주'를 만드는 가나의 '혼인 잔치' 본문이다. 이 본문에서 기도가 무엇인지 어떻게 알 수 있을까?

오늘 본문의 배경은 '가나의 혼인 잔치'이다. 1장에서 예수님은 세례를 받으시고, 세례 받은 후 첫날, 35-42절까지, 세례 요한의 두 제자를 당신의 제자로 맞으신다. 그들이 누구였을까? 1장 40절에 "예수를 따르는 두 사람 중의 하나는 시몬 베드로의 형제 안드레라." 1장 40절은 두 제자 중 '안드레' 이름을 명기하지만, 다른 제자의 이름은 숨겨 둔다. 복음서 저자들의 특징이다. 보통 이럴 때는 그 '해당 복음서 저자의 익명성'이라고 보면 된다. 그렇다면 여기 익명의 제자는 자연스럽게 '사도 요한'이다. 첫 제자는 안드레와 요한이라는 것이다. 이 두 제자를 부르신 것이 세례 후 첫째 날이었다면, 둘째 날에는 1장 43-51절에 나오듯이, 예수님이 빌립과 나다나엘을 제자로 부르신다.

그리고 사흘째 되던 날이 오늘 본문의 날이다. "사흘째 되던 날 갈릴리 가나에 혼례가 있어 예수의 어머니도 거기 계시고"(2:1). 요한은 이 '사흘'이라는 단어를 꽤 고집한다. 예수님의 '사흘만의 부활'이라는 복선을 문학적으로 성경 곳곳에 깔아 놓는 수고가 보인다. 이 사흘째 되는 날 가나에 혼인 잔치가 있었다고 성경은 말한다. 그럼, 과연 이 혼인 잔치는 누구의 혼인 잔치였을까? 우리가 가진 개역개정 성경에는 특정하지 않지만, 『3세기 라틴어 성경』 서문에는 이 혼례의 주인공을 특정한다. 그 신랑이 바로 요한복음의 저자인 '사도 요한'이라고 말하고 있다.[87] 세례요한 말고 요한복음의 저자인 사도 요한 말이다.

그런데 성경은 이 집에 예수님의 어머니 마리아가 미리 가서 계셨다고 말하고 있다. 그럼 사도 요한과 마리아는 어떤 관계였을까? 혹은 사도 요한의 어머니 살로메와 마리아는 어떤 관계였을까? 『3세기 라틴어 성경』 서문에 의하면, 예수님의 어머니 '마리아'와 사도 요한의 어머니 '살로메'가 자매간이었음을 말하고 있다. 성경에도 그 근거가 있다. 예수님이 돌아가실 때 예수님을 마지막까지 지켰던 여인들이 나오는데, 그들의 이름은 이러하다. 마가복음 15장 40절에는 "멀리서 바라보는 여자들도 있었는데 그중에 막달라 마리아와 또 작은 야고보와 요세의 어머니 마리아와 또 살로메가 있었으니"라고 표현하면서 사도 요한의 어머니인 살로메의 이름을 명기하였지만 관계는 설명하지 않는다.

그런데 요한복음 19장 25절에는 관계를 명기하고 있다. "예수의 십자가 곁에는 그 어머니와 이모(살로메)와 글로바의 아내 마리아와 막달라 마리아가 섰는지라"(요 19:25). 여기서 이모라는 표현은 마리아의 이모가 아니라 예수님의 이모인 살로메라는 말이다. 즉, 예수님의 어머니 마리아와 살로메는 자매지간이라는 말이다. 그렇게 따지면 예수님과 사도 요한은 어떤 관계인가? 이종사촌 간이다. 그래서인지 예수님의 이모인 살로메는 예수님이 대중을 몰고 다니고 민초들에게 강력한 지지를 받고 하니 자기 조카인 예수에게 권력 청탁을 한다. 그게 무엇인가? 마가복음 10장에 나오는 자기 아들들 즉 야고보와 요한을 그날이 오면, 오른팔, 왼팔로 꼭 등용해달라는 청탁이다.

이 요한의 집은 꽤 부유했던 모양이다. 마태복음에 의하면 첫째, 예수님이 제자들을 부르실 때 베드로와 안드레는 '그물만 버려두고' 예수님을 따랐지만, 야고보와 요한은 "그들이 곧 배와 아버지를 버려두고 예수를 따르니라"(마 4:22)라고 표현하고 있다. 즉, 베드로와 안드레는 놔두고 올 것이 '그물'밖에 없는 '일용직'이었지만, 야고보와 요한은 배가 있어 사람을 고용하는 '고용주'였다는 말이다. 둘째, 요한복음에 의하면 요한은 예수님이 수난받으시는 현장인 관공서에 아주 자연스럽게 출입한다. 심지어 입구에서 쭈뼛쭈뼛거리는 베드로를 데리고 들어올 정도로 힘이 있어 보인다. 아마도 아버지가 실력자라서 이미 대제사장과 친분이 있어 보인다. "베드로는 문 밖에 서 있는지라. 대제사장을 아는 그 다른 제자(요한)가 나가서 문 지키는 여자에게 말하여 베드로를 데리고 들어오니"(요 18:16). 그만큼 요한의 집은 경제적, 정치적 지위가 있는 집임을 보여주고 있다. 그런 집이 오늘 잔치를 연다. 손님을 위해 준비한 포도주가 무려 두세 통 드는 돌 항아리 여섯이나 있는 집이다. 한 통당 약 100리터나 들어가는 통이 여섯이 있는 큰 잔치를 열 수 있는 집이라는 복선이 있다.

이런 집이 오늘 본문의 배경이다. 예수님의 어머니는 지금 여동생인지 언니인지 알 수 없으나 친정 자매인 '살로메의 혼인 잔치'에 먼저 가서 일을 돕고 있다. 그래서 성경에는 예수님의 어머니는 초대받았다는 말이 없다. 왜냐하면 자기 동생의 집, 자기 친정집 즉 자기 집에서 자기 일처럼 잔치 준비를 하는 것이다. 오히려 초대된 사람은 예수님과 그의 제자들이다. "예수와 그 제자들도 혼례에 청함을 받았더니"(요 2:2). 그런데 잔치 중에 포도주가 떨어졌다. "포도주가 떨어진지라 예수의 어머니가 예수에게 이르되 '저들에게 포도주가 없다' 하니"(요 2:3).

마리아의 이 말, "저들에게 포도주가 없다"라는 말은 비장하다. 이 지점에서, 이런 고백이 바로 우리가 예수님에게 드려야 하는 기도가 아닌가 생각해본다. 마리아의 입장에서 생각해보자. 과연, 마리아는 예수님이 그냥 다른 자녀들처럼 보통의 자녀라고 생각했을까? 분명 아니었을 것이다. 첫째, 마리아가 잉태할 때 천사가 내려와 수태고지를 하였다. 이런 경험은 어느 처녀에게도 없는 경험이다. 둘째, 누가복음 2장에 보면 예수님이 12살 때 예루살렘에 명절을 맞아 올라갔을 때, 예수님은 부모를 따라가지 않고 예루살렘 성전에서 랍비들과 토론을 한다. 이때 잃어버린 아들을 찾은 부모는 왜 이렇게 하였냐고 묻자 예수님은 이렇게 대답한다. "내가 내 아버지 집에 있어야 될 줄을 알지 못하셨나이까"(눅 2:49). 이 얼마나 부담스러운 아들이었을까? 분명 마리아는 다른 자녀들과 다른, 예수님을 양육하면서 분명히 알았고 마리아 역시 메시아의 출현 즉, 공생애의 시작을 누구보다 기대하고 있었을 것이다.

천사를 통해서도 이 아들이 분명 성자 하나님이심을 깨달았을 것이고, 함께 살아가면서도 다른 자녀들과는 분명 다른 삶의 태도 때문에 마리아는 정확히 안 것이 있었다. 그는 '자기 아들이지만 성자 하나님이시다'는 것을 알았다. 그가 말씀하시면 모든 것이 그대로 될 줄 믿었다. 본문에 의하면, 이런 마리아에게 위기가 닥쳤다. 자기 동생 잔치에 포도주가 떨어진 것이다. 동생은 발을 동동 구르고 있었을 수 있다. 모두 허둥지둥이다. 이때 마리아는 은근슬쩍 참 인간이시지만 참 하나님이신 예수님에게 찾아와 청탁할 수도 있었다. '아들아, 이제 네가 능력을 보여줄 때가 왔다. 이제 사람들 앞에서 네가 메시아이고 네가 어떤 사람인지를 보여줄 때가 왔다.' 아니면… '지금 이모에게 문제가 생겼다. 어서 이적을 한번 베풀어다오!'라고 청탁할 수 있었다. 그런데 마리아는 아주 담백하게 예수님에게 한마디만 건넨다. 분명 아들이지만 성자 하나님이신 예수님에게 온갖 사정을 나열하고 설득할 수 있지만, 마리아는 딱 한마디만 한다.

저들에게 포도주가 없다(요 2:3).

마리아는 예수님에게 그냥 그렇다고만 말한다. 그렇다. 이것이 가장 훌륭한 기도의 모습이다.

기도가 무엇일까? 동양의 관점에서 기도는 '祈禱'다. '빌 기祈'에 '빌 도禱'이다. 기본적으로 동양 문화권에 젖어있는 우리에게 기도의 의미는 '비나이다 비나이다 천지 신명께 비나이다'의 정서가 있는 것이다. 물론 아버지이신 하나님은 부르짖는 자의 기도를 들으신다. 어찌 자녀가 떡을 달라하는데 돌을 주며, 생선을 달라하는데 뱀을 주는 부모가 어디 있으랴! 비는 것, 구하는 것, 그것은 기도의 아주 중요한 출발이다. 그러나 기도의 중요한 의미는 무엇일까? 성경의 언어인 헬라어는 '기도하다'라는 단어를 '프로슈코오마이'라는 단어로 사용한다. 모든 언어가 그렇듯 헬라어에도 동사는 능동태와 수동태로 사용한다. 단순하게 설명하면, 헬라어의 능동태는 끝에 '오'로 끝나고 수동태는 '오마이'로 끝난다. 그럼 기도하다의 단어인 '프로슈코-오마이'는 '오마이'로 끝나니 수동태다. 그럼, 어떻게 해석 해야 하나? '기도하다'가 아니라 '기도받다' 혹은 '기도를 당하다'라고 해석해야 한다.

그런데 헬라어는 하늘의 계시를 담아내는 언어여서 인지는 몰라도 다른 언어 문법에는 없는 독특한 태^{모양}가 있는데 이것이 사람들을 자주 혼동시킨다고해서 '혼돈태^{디포넌트, deponent}'라고 부른다. 이 '혼돈태'는 모양은 수동태의 모양이나 뜻은 능동태로 해석해야 한다. 말 그대로 사람들을 혼동시킨다. '기도하다^{프로슈코오마이}'라는 단어가 바로 혼돈태다. 분명 '오마이'로 끝나니 '수동태'인데, 해석은 '능동태'로 해야 한다.

즉, 기도란 처음부터 내가 주체가 되고 능동이 되어 '주여 주시옵소서'라고 내 능동, 내 욕망이 나가는 게 아니라 기도는 철저하게 수동태로 나는 멈추고 하나님 앞에 머물러야 한다는 것이다. 내 욕망, 내 목적, 내 급함을 먼저 속사포처럼 '다다다다' 쏟아붓는 것이 기도가 아니고, 철저하게 내가 하나님 앞에 수동으로, 나를 움직이는 나의 엔진을 끄고, 먼저 잠잠히 머물러야 하는 것이다. 즉, 내가 주체가 되어 기도라는 이름으로 내 강박과 욕망을 쏟아내기보다는 '멈춰서' 이 기도가 나의 욕심인지, 나의 땡깡인지 아니면 정말 하나님이 원하시는 뜻인지를 분별해야 할 것이다. 그렇게 수동으로 먼저 하나님의 뜻을 구하고 찾으면, 그때 능동으로 모드를 바꿔서 주께 간절히 구하는 것이 기도라는 것이다.

우리는 자꾸 '먼저' 내가 능동이 되어서, 주체가 되어서 세상을 내 멋대로 연주playing하려 한다. 남을 통제하고 자신을 현란하게 보이고 싶어한다. 그래서 더 큰 소리로 연주playing하기를 원한다. 그런데 playing연주하기 전에 꼭 해야 하는 것은 tunning조율이다. 구스타포 말러 9번 교향곡을 연주하기 앞서 오케스트라가 단위에 선다. 그럼 바로 '연주'하는가? 아니다. '연주'하기에 앞서 마스터가 나와서 제일 먼저 하는 것은 '튜닝'이다. 이렇듯 우리도 멈추고 자기의 음을 알아차리는 그런 시간, 자기 '수동의 시간'이 있어야 한다. 나의 음을 살피고 조율하는 과정 속에서 내 욕심과 계산을 꺾어야 나의 기도의 이유를 찾을 수 있다. 그렇게 이유를 찾게 된 이후에 능동적으로 하는 것이 기도다.

그런 의미에서 마리아는 철저하게 수동적이다. 예수님을 통해 자기의 가치를 높일 수 있었다. 동생 가정의 잔치를 내 아들예수님이 기적으로 살렸다고 말할 수 있는 좋은 기회일 수 있었다. 사람들에게 내 아들이 이런 신기방기한 사람이라고 알릴 수 있는 기회일 수 있었다. 더불어 민초들의 억압과 눌림을 조금 더 빨리 해방시킬 메시아의 시간을 당길 수도 있었다. '아들아, 이제 네가 나설 때가 되었다' 라고 채근할 수도 있었다. 그런데 마리아의 태도는 아주 수동적이 었다. "저들에게 포도주가 없다." 마리아는 그냥 그렇다고 말했다. 그 렇다. 기도는 '그냥 그렇다고 말하는 것' 뿐이다. 기도는 내 능동성을, 내 욕망을, 내 강박을 배설하는 것이 아니다. 나도 뭔 말을 했는지도 모르는 말을 장황하게 나열하는 것이 기도가 아니다. 내 주장과 욕 구의 표현이 아니다. 삶의 어느 시간을 정해서 그냥 내 마음이 지금 그렇다고 말하는 것이다. "주님, 참 고단하네요. 아버지, 참 억울하네 요, 하나님 답답합니다." 그리고 멈추는 것이다. 그러면 주의 은혜가 내 영혼을 촉촉이 적시고 있음을 경험하게 된다.

이런 기도를 잘 정리해준 사람이 있는데 스페인의 영성가인 '아빌 라의 테레사Teresa of Ávila'이다. 그녀는 우리의 영혼을 '정원'에 비유했 고, 그 정원을 가꾸는 물주기를 '기도'로 비유했다. 즉, 우리의 영혼의 정원을 무엇으로 가꾸나? 오직 기도로 가꿀 수 있다는 것이다. 그리 고 네 가지 방식으로 물을 가져와 정원을 가꾸는 비유로 기도를 설 명한다.[88]

1단계: 우물에서 손으로 물을 길어 주는 단계

우물에 두레박을 넣어 물을 길어본 경험이 있는가? 첫 번째 단계

멈춤 *Be still*

가 그 단계이다. 두레박을 넣어 손으로 두레박을 들어 올릴 때, 두레박이 좌우로 부딪히면서 물이 다 흘러버려서 올려보면 두레박의 반정도 밖에 남아 있지 않다. 힘은 힘대로 들면서 결실은 없는 단계이다. 아빌라는 이 단계를 이렇게 설명한다.

> 기도의 초보자들은 우물에서 물을 길어 올리는 사람들입니다. 이 방법은 많은 수고를 해야 합니다. 그들은 자신의 감각을 거두어들이다 지쳐 버릴 것입니다. 그들은 침묵 속에서 지난날의 자기 생활에 대해 생각해 보아야 합니다(『아빌라의 성녀 테레사: 자서전』, 분도출판사, 2015, 112).

자기의 능동성만 살아있는 단계이다.

2단계: 도르래를 이용해서 우물물을 긷는 단계

두 번째 단계는 첫 단계보다 훨씬 수월한 단계다. 기도의 성장을 나타낸다. 내가 하는 '능동의 기도'에서 '수동의 기도'로 나아가는 단계이다. 그래도 아직 능동성이 살아있는 모습이다.

이 단계에 도달하면 영혼은 즉시 이 세상의 것들에 대한 집착을 잃

어버리기 시작합니다. 부귀도, 권세도, 명예도, 쾌락도 그런 충족감
을 한순간도 느끼게 해 줄 수 없으니까요(143).

3단계: 개천에 수로를 만들어 물을 대는 단계

세 번째 단계는 이제 나의 욕망과 강박이 거의 사라진 단계이다.
나의 수고는 거의 사라지고 하나님의 능동에 내 삶을 맡기는 수동성
이 실현되는 단계이다.

이제 이 정원에 시내나 샘에서 흘러내리는 물에 대해 이야기합니
다. 영혼은 앞서 말한 기도에서 경험한 것과는 비교할 수 없을 정도
로 큰 감미로움과 기쁨을 느끼는데, 그것은 은총의 물이 영혼의 목
까지 차올랐기 때문입니다(163).

그러면 인간이 아무것도 하지 않아도 내 정원을 완전히 적실 수
있는 단계는 무엇일까? 그것은 하늘에서 비가 오는 것이다.

4단계: 비가 와서 아무런 노력 없이 물을 얻는 단계

이제는 하나님을 만나고 경험하는데 어떤 인간의 능동성이 필요
없는 단계이다. 내가 완전히 죽을 때 오는 깊은 수동성의 은혜, 하나

님 경험이다.

> 이제 하늘에서 비가 내려서 온 정원에 스며들어 흠뻑 적셔 주는 이
> 물입니다. 주님은 물이 필요할 때마다 비를 멈추지 않으실 것이고,
> 정원사는 더이상 수고하지 않고 그 안에서 기뻐할 것입니다(184).

기도가 무엇인가? 그렇다. 기도는 비는 것이고 청하는 것이다. 그것을 부인할 수 없다. 그러나 기도를 설득과 청탁의 도구로 쓰는 순간, 우리와 하나님의 관계는 주인과 주인 눈치 보는 종의 껄끄러운 관계로 바뀌게 된다. 하나님은 자녀인 우리에게 '지금 그냥 그렇다'고 말하기를 원하신다. 내 상황이 이렇다고, 내 마음이 지금 이렇다고, 내 자녀들이 지금 이렇다고 말하기를 원하신다. 그렇다면 내가 지금 어떤지 어떻게 알 수 있는가? 내가 능동이 되어 내가 주체가 되어 무엇인가를 쏟아 내야만 하는 강박 환자처럼 정신없이, 현란하게 큰 소리로 연주^{playing}만 하지 말고, 내가 지금 어떤 상태인지 내 영혼을 조율^{tunning}부터 하기를 원하신다. 내가 철저하게 수동으로 멈추어 하나님 앞에 서면, 침묵하면, 성찰하면, 내 안에 생명이신 성령께서 내게 하시는 말씀을 알아 차릴 수 있다. 그때, 지금 그냥 그렇다고 말하면 된다. 그게 기도다.

기도를 통해
자기 욕망에서 벗어나기

신앙은 이런 것이다. 멈추는 것이 신앙이다. 모두 바쁘게 자기의 얕은 호흡, 불안한 심리 속에서 아등바등 살아가는 상황을 멈추고 참 호흡되신 그분의 숨을 다시 얻는 것, 내가 멈출 때 비로소 내가 진짜 좋아하는 것, 내가 진짜 추구했던 갈망을 알아차릴 수 있는 것, 하나님이 내게 진짜 원하시는 그런 참자아를 발견하는 것이 신앙이다.

그런데 우리는 예수님처럼 멈추기 위해 광야로 나아가지 않는다. 조금 더디 가도 좋으니 조금 늦게 가도 좋으니 내가 어디쯤 서 있는지, 가는 방향이 맞는지 묻지 않고, 성찰하지 않고 그저 달리기만 한다. 그렇게 내 갈망을 모르니, 남이 욕망하는 것이 내가 정말 찾고 있던 갈망인 줄 알고 남의 것을 모방욕망한다. 시기, 원망, 비교, 무시,

또다시 나는 더 큰 엔진을 장착하고 남보다 더 높이, 더 많이, 더 박수받는 욕망의 굴레에 빠져 산다. 어느 순간 나는 아주 건조하게 되어 영혼이 마치 거북이 등가죽 갈라지듯 아주 건조하게 살아간다.

예수님처럼 멈추어 광야로 나가지 않는 자들, 아니 나갈 용기가 없는 자들에게 오는 재앙은 '자기 착취'이다. 과잉 생산, 과잉 가동, 과잉 축적을 꿈꾸는 현대인들은 자기 착취의 사회에서 피해자인 동시에 가해자가 된다.[89] 인생의 광야에서 자기의 엔진을 끄고 멈춰 서서 자기를 직면하는 시간을 갖지 않는 자, 자기를 더 깊이 파는 심화의 시간을 갖지 않는 자에게 '자기 학대'만 남아 있다. 한국교회는 어떠한가? 한국 기독인들은 어떠한가? 삼박자 축복이라는 이름으로 더 큰 교회, 더 큰 건물, 더 많은 성도, 작년보다 더 많이 모인 총동원 주일을 꿈꾸며 성공이라는 이름의 신경증과 과민 상태로 살아가고 있지는 않은가? 플러스만 꿈꾸는 사회, 교회, 부흥이라는 이름과 날 세게 만드는 고주파 음악을 통한 신경적 흥분의 도가니가 은혜 충만, 성령 충만으로 둔갑한 한국교회는 부흥사만 길러낼 뿐, 초대 한국 교회를 이끌었던 '김교신', '이현필', '이세종', '장기려', '조덕삼'과 같은 품격 있는 신앙의 어른들은 더이상 볼 수 없을 것이다.

필자는 무서운 생각이 든다. 과연 이대로 세상과 똑같이 멈추지 않는 교회, 그런 교회의 풍토대로 배태된 교인들이 앞으로 20-30년

이 지속된다면 이 땅의 복음의 생명력은 과연 있을까? 세상을 창조하실 때, 인간과 피조물에게 불어넣으셨던 그 깊은 숨이 다시 온 땅에 흘러갈 수 있을까? 그래서 하나님과 깊은 연합이 있는, 하나님 한 분 때문에 나의 엔진을 끄고, 나의 갈망을 알아차리고, 하나님으로 먹고, 하나님을 숨 쉬는 그런 참자아가 확장되는 모판으로써의 '교회'는 없을까? 다시 판을 깔자. 다시 시작하자. 멈춤과 빼기^{minus}가 더 빠른 길이다. 멈춰야, 엔진을 꺼야 내가 보이고 내 갈망이 알아차려지고, 세상이 보이고, 깊이 호흡을 해야 하나님으로 숨 쉴 수 있다.

부록

멈춤을 위한
질문들

각 부에 관련된 질문을 읽고
개인적인 성찰의 시간을 가지거나 소그룹에서 나눕니다.

1부
멈추지 못하는 세상

나침반과 같은 인생

- 나는 어떤 것에 마음이 쉽게 흔들리는가? 치우치며 나를 움직이게 하는 편심偏心의 요소들은 무엇인가?

- 그런 편심偏心을 이길 수 있는 방법은 무엇일까? 사람의 말에, 세상의 기준과 가치에, 내가 이미 배우고 익힌 것에 붙어서 치우친 채 살지 않고, 그런 것에서 자유롭게 살아갈 수 있는 방법은 무엇일까?

- 나는 '강화'를 꿈꾸며 살아가는가? 그래서 오늘도, 내일의 스케줄도 그것에 도움이 되는 사람과 미팅, 관계자들과의 시간으로 가득한가? 아니면 '심화'하는 삶을 살고 싶어하는가? 나를 멈추고 성찰하는 시간이 나에게는 있는가?

어두운 밤을 지나

- 나는 '영혼의 밤'을 만난 적이 있는가? 언제 그리고 어떻게 그 시간을 만났는가?

- 야곱이 만난 영혼의 밤이 그를 이스라엘로 만든 것처럼, 나는 '나의 영혼의 밤'의 시간을 만나고 어떤 존재의 변화가 있었는가?

- 우물을 왜 가장 건조한 2월에 파야하는가? 나는 나의 가장 건조한 어두운 밤에서 파낸 영혼의 우물이 있는가?

슈필라움(자기 틀)에서 스피리추얼 라움(영적 자리)으로

- 나는 어떤 슈필라움(놀이 공간/쉼터/편한 곳)이 있는가? 언제, 어떤 곳이 나에게 그런 곳인가?

- 나에게 엘리야처럼 갈멜산에서 하나님을 찐하게 만난 적이 있는가? 하나님의 이름으로 사람들 앞에 멋지게 서 본 적이 있는가? 마치 갈멜산의 엘리야처럼?

- 그런데 왜 하나님은 엘리야를 호렙산으로 부르시고 숨기셨는가? 그리고 그곳에서 비로소 '비전^{명령, 사명}'을 주셨는가?

- 나에게는 슈필라움을 넘어 멈춤의 영적 공간(하나님을 깊은 체험하는 장소)인 '스피리추얼 라움'은 어디인가? 언제인가?

2부
욕망하는 군상들

열정의 출발

- 인간은 욕망 덩어리라고 했는데, 나는 어떤 것에 가슴이 뛰는가? 분명 나를 이끄는 것이 있다는 말인데, 나는 무엇에 관심이 있는가?

- 르네 지라르 René Girard는 우리의 갈망이 대부분 모방적이라고 했는데, 정말 그런가? 내가 하고 싶은 것, 갖고 싶은 것의 뿌리에는 남의 갈망을 모방하는 마음이 있는가? 언제 그리고 어떻게 나의 모방욕망을 보았는가?

르네 지라르의 모방욕망

- 르네 지라르가 설명한 모방욕망 7가지 이론으로 자신을 볼 때, 몇

번이 자신이 지금 고민하고 있는 것이라고 말할 수 있을까?

- 내가 경험한, 혹은 내가 간접적으로 들은 사례 중에, 이런 모방욕 망으로 희생양의 아픔을 당한 사람이 있는가? 그때, 나의 반응은 어떠했는가?

- 성경은 세상의 모방폭력 속에서 유일하게 다른 길을 제시한다고 했는데, 그 길은 어떤 길인가?

- 영화 〈아마데우스〉의 '모차르트'처럼 내가 억울하게 희생당해 본 적이 있는가? 어떻게 그 상황에 들어가게 되었는가? 지금은 그 위 기에서 나왔는가?

- 영화 〈아마데우스〉의 '살리에리'처럼 내가 나의 욕망으로 부지불 식간에 가해자가 되어 본 적이 있는가? 지금은 어떤가? 나로 인해 피해를 당한 사람에게 용서를 구하며 그 모방폭력의 메커니즘을 끊어본 적이 있는가? 어떤 역동을 경험했는가?

르네 지라르의 렌즈로 사무엘하 11-12장 보기

- 사무엘하 11-12장에서 다윗의 욕망은 무엇인가? 다윗의 욕망은 어떻게 한 가정을 파괴했는가? 우리아가 다윗의 성폭력을 이미 알 았을 수 있다는 저자의 해석에 대해 어떻게 생각하는가? 그랬다면 우리아의 마음은 어떠했을까?

- 나단은 죽음을 각오하고 다윗 앞에 섰다. 모방폭력을 끊기 위해서는 이런 결단이 필요하다. 나는 나의 삶의 모방폭력 앞에 나단의 각오가 있는가?
- 그런 각오로 나단이 다윗 앞에 섰고, 하나님의 신탁^{비유}을 다윗 앞에 말했을 때 어떤 일이 일어났는가? 어떻게 이런 일이 가능했을까? 이것을 '메시지의 힘'이라고 볼 수 있을까? 나는 피흘림이 없이 모방폭력을 끊어내는 메시지의 힘을 경험한 적이 있는가? 나의 거짓 자아를 깨우는 목사님의 메시지나 사람들의 메시지의 힘을 경험해보았는가?
- 결국 나단은 다윗의 욕망을 보게 해주었다. 나는 멈춰서 나의 욕망을 보는 시간이 있는가? 다윗처럼 모든 것을 다 가진 왕을 꿈꾸고 있지 않는가? 나는 나를 성찰하는 시간을 갖고 있는가?

3부
멈춤의 길: 침묵

침묵의 의미

- 저자는 왜 '침묵기도'를 하지 말고, '침묵'하라고 강조하는가?
- 왜 믿음의 선배들은 이 '침묵', '자기 멈춤'을 찾고자 사막과 광야로 떠났는가?

침묵을 경험한 사람들

- 침묵을 찾아 사막과 광야로 떠난 '교부敎父', '교모敎母'들의 금언 중에서 내게 울림이 있는 말씀은 무엇인가?
- 왜 요즘의 기독교는 이렇게 품격이 없어졌을까? 왜 얇은 호흡, 화려한 조명 아래 광대가 되어버린 품위 없는 기독교가 되었을까? 혹시 그런 모습이 자기 성찰인 침묵의 부재와 연관이 있지는 않는가?

침묵: 깊은 호흡의 회복

- 아이였을 땐 깊은 뱃-숨^{복식 호흡}으로 숨을 쉬다가 어른이 될수록 가슴-숨 아니 목-숨(목으로 겨우 쉬는 숨)으로 쉴 때가 많아 보인다. 내가 쉬는 숨과 나의 영혼의 깊이와 어떤 상관관계가 있을까? 깊은 숨을 쉬는 것이 영성 훈련이 될 수 있을까?
- 우리가 쉬는 숨^{호흡}은 삼위일체 하나님의 영 혹은 호흡(처음 창조의 순간, 부활 후 첫 순간)과 연관 있다는 저자의 의견에 대해 어떻게 생각하는가?
- 왜 예수님은 니고데모에게 거듭남을 설명하실 때, 바람 혹은 숨에 대해 이야기하셨을까?
- 나는 내 안에 안정감 있는 깊은 숨을 쉬고 있는가? 언제 혹은 어떻게 그런 시간을 갖고 있는가?

침묵을 통한 의식 성찰

- 침묵은 깊은 호흡을 할 수 있도록 돕는 시간이며, 그러할 때 내 안에 계신 하나님의 임재를 알아차리는 시간이다. 저자가 소개한 메뉴얼대로 침묵 속에서 의식 성찰하는 시간(3.3.3/ 3분 침묵을 3번)을 가져보자(128 페이지 실습 참조).
- 어떤 알아차림이 있는가? 첫 번째, 두 번째, 세 번째 침묵 속에서의

역동을 나눠보자.

침묵에서 기도로 나아감

- 기도가 무엇인가? 강청인가? 맞다. 간구이다. 아버지 앞에 자녀의 간절함이다. 그런데 철든 자녀는 내 욕망을 배설하기보다 부모와 대화하려 한다. 부모 앞에 솔직하게 그렇다고 말한다. 그런 의미에서 '그냥 그렇다고 말하는 것'이 기도이다. 나의 기도는 강청인가, 멈추고 나누는 대화인가?
- 의식 성찰 세 번째 침묵에서, '그냥 그렇다고 말하는 시간'을 가졌는가? 그리고 멈춰서 하나님 앞에 있어보자. 어떤가?
- 하나님과 어떤 마음을 나누었는가? 내 욕망을 걷어내고 그냥 그렇다고 말할 수 있었는가?
- 아빌라 테레사Teresa of Avila의 기도의 단계에서 나는 몇 단계 정도에 와 있는가? 왜 그렇다고 말할 수 있는가?

기도를 통해 자기 욕망에서 벗어나기

- 욕망 덩어리인 인간이 어떻게 자신의 욕망에서 벗어날 수 있을까? 나의 기도는 나의 욕망에서 나를 자유하게 하는가, 아니면 더욱 나를 그런 욕망덩어리로 만들어가고 있는가?

- 세상이 보는 기독교는 욕망의 종교인가? 버림/비움/자기 부인의 종교인가? 왜 세상이 그렇게 기독교를 바라본다고 생각하는가?
- 이제 문제는 나다. 나는 어떻게 내 불덩이^{에쉬, 갈망}를 불의의 병기로 사용하지 않고 의의 도구로 하나님께 드릴 수 있을까?
- 그렇게 멈춰서 나를 성찰하는 시간을 갖는가? 언제 그리고 어떻게 침묵과 의식 성찰의 시간을 통해 나를 보는 시간을 가질 수 있겠는가?

주

1 헬라어는 예배를 '프로스퀴네오'와 '라트레이아'의 예배로 설명한다. '프로스퀴네오'의 예배는 정형화된 예배(worship)를 의미하고 '라트레이아'의 예배는 정형화된 예배(worship)뿐 아니라, 비정형화된 일상에서의 삶의 예배(service)도 의미한다. '프로스퀴네오'와 '라트레이아'의 단어의 해석은 Walter Bauer's Greek-English Lexicon (3rd Edition), 587와 882를 참조함.

2 본문에서 인용하는 성경은 개역개정을 사용할 것이다. 다른 버전이 있다면 명기할 것이다.

3 정조, 『정조실록』 40권, 정조 18년 6월 28일 癸未 4번째 기사/「태백산사고본」 40책 40권 22장 A면 「국편영인본」 46책 482면/https://sillok.history.go.kr/id/wva_11806028_004

4 '앵커브리핑', JTBC, 2018. 7. 18

5 이냐시오 로욜라는 불편심(*indiferencia*)을 "치우치지 않는 마음, 기울지 않는 내적 자세, 피조물에 집착하지 않는 마음"이라 정의한다. 이냐시오 로욜라, 정한채 역 『로욜라의 성 이냐시오: 영신수련』(서울: 이냐시오 영성연구소, 2010), 31.

6 오스카 와일드, 정영목 역, 『오스카 와일드 작품선』(서울: 민음사, 2009), 141-211.

7 '헤롯 안티파스, 헤로디아, 살로메'의 이야기는 아래의 책을 참고함. J.D. 더글라스 편집, 나용화 역, "헤롯" 『새성경사전』(서울: 기독교문서선교회, 1996), 1749.

8 존 월튼 외, 정옥배 외, 『성서배경연구』(서울: ivp, 2001), 89.

9 십자가의 성요한, 최민순 역 『어두운 밤』(서울: 바오로딸, 1973), 27.

10 위의 책, 132.

11 《메시지 성경》(서울: 복있는사람, 2009).

12 2장은 「장신논단」 2020년 3월호에 실린 글을 수정, 편집한 글이다.

13 이 글은 필자가 『백투더클래식』(서울: 예수전도단, 2015) 14장에 기고했던 글을 수정 보완한 글이다.

14 국어사전에서 갈망(渴望)을 '간절히 바람'의 가치중립적인 의미로 설명하지만, 욕망(欲望)은 '부족을 느껴 무엇을 가지거나 누리고자 탐함, 그런 욕심이 있는 마음'으로 편향된 마음의 상태로 기술한다. 이 책에서는 '갈망'을 '무엇인가를 간절히 바라는 마음의 중립적 상태'로 다룰 것이며, '욕망'을 '부족을 느껴 채우려는 탐하고 욕심 있는 어두운 마음의 상태로 정의하고 기술할 것이다.

15 이 지점에서 르네 지라르의 모방욕망(mimetic desire)과 내적 갈망을 찾도록 도움을 주는 영성 지도가 만난다. 필자는 이 연구를 다음 책에서 다룰 계획이다.

16 "네 이웃의 집을 탐내지 말라 네 이웃의 아내나 그의 남종이나 그의 여종이나 그의 소나 그의 나귀나 무릇 네 이웃의 소유를 탐내지 말라."(출 20:17).

17 René Girard, *I See Satan Fall Like Lightning*, trans. James G. Williams (Maryknoll. NY: Orbis Books, 2001), 8. 참고, 르네 지라르, 『나는 사탄이 번개처럼 떨어지는 것을 본다』, 22.

18 Michael Kirwan, *Discovering Girard* (Lanham, MD: Cowley Publications, 2005), 21.

19 지라르는 모방욕망의 삼각형 구조를 설명하면서 세르반테스의 소설 『돈키오테』의 산초의 모방욕망을 이렇게 설명한다: "물론 산초의 어떤 욕망들은 모방욕망이 아니다. 치즈 한 조각을 보았다거나 포도주 한 부대를 보았을 때 느낀 욕망은 모방욕망이 아니다. 그러나 산초는 자신의 위장을 채우는 욕망 이외에도 다른 야심을 품고 있다. 돈키호테를 자주 만나게 된 뒤로 그는 자기가 통치자가 될 '섬' 하나를 꿈꾸고, 자기 딸에게도 공작부인 칭호를 가지게 하고 싶어한다. 이런 종류의 욕망들은 산초처럼 소박한 사람에게 자연발생적으로 일어난 것이 아니

다. 그러한 욕망들을 그에게 암시해준 것이 바로 돈키호테인 것이다." 르네 지라르, 『낭만적 거짓과 소설적 진실』, 42.

20 *Amadeus*, DVD, directed by Peter Shaffer, Playbill, 1981.

21 이 용어(외부적 중개로 인한 욕망과 내부적 중개로 인한 욕망)는 'internal model'과 'external model'에 대한 오지훈의 번역이다. 가장 적절한 번역으로 생각되어 차용한다. 참고: 오지훈, 『희생되는 진리』(서울: 홍성사, 2017), 129.

22 Girard, *The Girard Reader*, 39.

23 돈키호테는 그의 종인 산초에게 아마디스에 대한 설명을 이렇게 한다. "산초, 난 그 유명한 갈리아의 아마디스가 조금 기괴하지만 가장 완벽한 기사 중 하나라고 믿고 있어. 아마디스는 기둥이고, 별이고, 태양이고, 흠모할 기사이며 모든 기사가 모방해야 할 기사라고 생각하네. 그래서 산초, 나는 확신한다네. 그를 가장 잘 모방하는 누구든 가장 완벽한 기사로 설 수 있다네."(참조: Kirwan, *Discovering Girard*, 16-17).

24 김모세, "르네 지라르와 모자이크 사회: 현대를 읽는 몇 가지 키워드들", 「한국프랑스학논집」 96, (2016. 11), 160.

25 Girard, *I See Satan Fall Like Lightning*, 10.

26 Grirad, *The Girard Reader*, 9.

27 르네 지라르, 김진식 역, 『희생양』(서울: 민음사, 1998), 29.

28 *Amadeus*, DVD.

29 Girard, *The Girard Reader*, 11.

30 Kirwan, *Discovering Girard*, 38.

31 르네 지라르, 김진식, 박무호 역, 『폭력과 성스러움』(서울: 민음사, 1997), 242.

32 Kirwan, *Discovering Girard*, 38.

33 Girard, *I See Satan Fall Like Lightning*, 24.

34 〈구약성경〉과 기독교가 속죄양 현상을 잘 이해했다는 사실은 '희생양'이라는 표

현에서 잘 드러난다. 그렇다면 성경은 희생양 제의를 옹호한 것인가? 이 질문은 본문에서 중요하게 다룰 예정이다. 용어, 희생양(혹은 희생 염소)은 레위기 16장의 아사셀 염소로서 유대인 제의의 희생물인 염소를 뜻한다. 이 책에서는 '희생양'과 '희생 염소'를 같은 개념으로 쓸 것이다.

35 Girard, *I See Satan Fall Like Lightning*, 24.

36 Kirwan, *Discovering Girard*, 39.

37 Nicolas Journet, 김진식 역, "기독교는 인문학인가?-르네 지라르와의 대담", 「문학과 사회」 29 (1) (2016. 3.), 377.

38 Girard, *Violence and the Sacred*, trans. Patrick Gregory. (Baltimore: Johns Hopkins University Press, 2001), 161-162.

39 Girard, I *See Satan Fall Like Lightning*, 137.

40 Girard, *The Girard Reader,* 145.

41 Kirwan, *Discovering Girard*, 39.

42 그의 책 『낭만적 거짓과 소설적 진실』이 이런 통찰을 보여준다. 르네 지라르. 김치수, 송의경 역. 『낭만적 거짓과 소설적 진실』(서울: 민음사), 2001.

43 지라르는 여기에서 전혀 다른 개념의 두 단어를 소개한다. 그것은 신화(myth)와 복음(gospel)이다. 지라르는 일반 문학이 신화(myth)에 기반을 두고 있다고 주장한다: "신화는 가해자의 목소리를 대변하는 장르이고, 그들의 포악적 폭력성에는 함구(mute)한다. 그러나 복음은 전혀 다르다. 복음은 폭력성의 기원의 본질을 드러내는 것이고, 희생자의 편에 서는 것이고, 희생양 메커니즘을 극복하려고 안간힘을 쓰고 있다." 참고: Kirwan, *Discovering Girard*, 63.

44 Girard, *I See Satan Fall Like Lightning*, 118.

45 르네 지라르, 김진식 역, 『그를 통해 스캔들이 왔다』 (서울: 문학과 지성사, 2007), 78.

46 박종균, "르네 지라르의 성서적 종교와 비폭력", 「한국기독교신학논총」 34(1)

멈춤 *Be still*

(2004. 7.), 277.

47 로마의 신화는 동생(로무스)을 죽인 형(로물루스)의 승리 위에 세워지면서 가해자의 목소리만 대변했지만, 성경은 비슷한 상황을 소개하면서, 하나님은 형(가인)의 죄를 고발하며 동생(아벨)의 억울함에 함께하신다. 지라르는 이것이 성경만의 독특한 점이라고 설명한다.

48 사무엘하 11-12장만큼 지라르의 이론으로 설명이 가능한 성경의 내러티브는 예수님의 삶, 고난, 죽음과 부활의 내러티브이다. 그것은 너무 큰 주제이기에 다른 책에서 다루도록 한다.

49 René Girard, "Mimesis, Sacrifice, and the Bible: A Conversation with Sandor Goodhart," in *Sacrifice, Scripture and Substitution: Reading in Ancient Judaism and Christianity*, ed. Ann W. Astell and Sandor Goodhart (Dotre Dame, IN: University of Notre Dame Press, 2011), 39.

50 "… 한 성읍에 두 사람이 있는데 한 사람은 부하고 한 사람은 가난하니, (부한 자가)… (가난한 자가) 딸처럼 (여긴) 양 새끼를 빼앗아다가… 잡았나이다"(삼하 12:1-4).

51 우리아는 다윗이 자기 아내에게 한 짓을 정말 몰랐을까? 우리아는 정말 다윗의 간음을 몰랐기에 이런 말("언약궤와 이스라엘과 유다가 야영 중에 있고 내 주 요압과 내 왕의 부하들이 바깥들에 진 치고 있거늘 내가 어찌 내 집으로 가서 먹고 마시고 내 처와 같이 자리이까 내가 이 일을 행하지 아니하기로 왕의 살아 계심과 왕의 혼의 살아 계심을 두고 맹세하나이다 하니라," 삼하 11:11)을 했을까? 그렇다면 이 말은 우리아의 충정심일까 아니면 사건의 전말을 안 우리아의 비웃음(Sarcasm)일까? 만약 다윗이 우리아에게 "네 집으로 내려가서 발을 씻으라"(11:8)라고 말은 한 이후, 우리아가 그 자리에서 즉시 위의 말("내가 어찌 자리이까?…")을 했다면 우리아의 충정심이라고 볼 수 있지만, 이 말("내가 어찌 자리이까?…")은 우리아가 자기 동료들(왕의 경호실 직원들)과 숙직실에서 밤

을 보낸 다음 날 왕에게 한 말이다 ("그러나 우리아는 집으로 내려가지 아니하고 왕궁 문에서 그의 주의 모든 부하들과 더불어 잔지라," 11:9). 그렇다면, 왕을 근거리에서 모셨던 자기 동료들에게 우리아는 그가 전쟁터에 나간 사이에 궁중에서 있었던 일에 대해 아무 이야기도 못 들었을까? 나래이터는 본문을 열어두고 독자들을 행간으로 초대해서 함께 읽도록 초청한다. 참고, Robert Alter, *The David Story: A Translation with Commentary of 1 and 2 Samuel* (New York: W. W. Norton and Company, 1999), 252-253.

52 라이문트 슈바거, 손희송 역, 『희생양은 필요한가?』, (서울: 가톨릭대학교출판부, 2009), 92.

53 James Alison, *Raising Abel: The Recovery of the Eschatological Imagination* (New York: Corssroad Publishing Co., 1996), 21.

54 Alison, *Rasing Abel*, 21.

55 Girard, "Mimesis, Sacrifice, and the Bible," 52.

56 Kirwan, *Discovering Girard*, 52.

57 Harald Wydra, "Victims, Sacred Violence, and Reconcilation," in *Can We Survive Our Origins? Readings in René Girard's Theory of Violence and the Sacred*, ed. Pierpaolo Antonello and Paul Gifford (East Lansing: Michigan State University Press, 2015): 54.

58 Kirwan, *Discovering Girard*, 39.

59 "신화(Myth)"라는 단어는 "음소거"(Mute)와 같은 어근에서 파생되었다. 즉 신화는 폭력적 희생양 만들기에 대해 침묵한다. 신화적 정신은 이런 폭력적 상황에 침묵하는 것이다. 지라르는 신화의 내러티브에서 말하는 공동체의 기원은 이런 폭력적 상황에서 그 공동체들이 어떻게 해야 유지되었는지를 잘 보여준다고 설명한다. 권력자에게 음소거(mute)하며 모방폭력의 원인을 숨기는 것, 그것이 한 공동체와 문화의 기원이다. 참고, Kirwan, *Discovering Girard*, 63.

60 Chris Fleming, *René Girard: Violence and Mimesis, 1st ed.* (Cambridge, UK: Polity,

2004), 117.

61 Fleming, *René Girard: Violence and Mimesis*, 117.

62 정일권,『십자가의 인류학』(대전: 대장간, 2015), 136.

63 지라르는 성경의 내러티브가 "성스러운 폭력이라는 미신적인 방식으로 인간을
    얽매고 있던 어둠에 맞선 전쟁을 수행"했고 세상의 방식을 "거부하고 다른 뺨을
    돌려대는 법"을 보여줬다고 설명한다. 참고, 르네 지라르, 마이클 하딘, 이영훈
    역,『지라르와 성서 읽기』(대전: 대장간, 2017), 217.

64 참조: 서머싯 몸, 송무 역,『달과 6펜스』, 세계문학전집 38권 (서울: 민음사,
    2000).

65 제럴드 싯처, 신현기 역,『영성의 깊은 샘』(서울: Ivp, 2016), 282.

66 유해룡,『하나님 체험과 영성수련』(서울: 장로회신학대학교출판부, 1999), 116.

67 "새벽 아직도 밝기 전에 예수께서 일어나 나가 한적한 곳으로 가사 거기서 기도
    하시더니"(막 1:35).

68 "그들이 이렇게 말함은 고발할 조건을 얻고자 하여 예수를 시험 함이러라. 예수
    께서 몸을 굽히사 손가락으로 땅에 쓰시니"(요 8:6).

69 "대제사장들과 장로들에게 고발을 당하되 아무 대답도 아니하시는지라"(마
    27:12).

70 제럴드 싯처, 신현기 역『영성의 깊은 샘』, 124.

71 남성현 역,『사막 교부들의 금언집』(서울: 두란노아카데미, 2011), 41.

72 위의 책,『사막 교부들의 금언집』44.

73 요한 클리마쿠스,『거룩한 등정의 사다리』(서울: 은성출판사, 2006), 151.

74 위의 책,『거룩한 등정의 사다리』152.

75 위의 책,『사막 교부들의 금언집』75.

76 위의 책,『영성의 깊은 샘』141.

77 알렉산더 슈메만, 이종태 역,『세상에 생명을 주는 예배』(서울: 복있는 사람,

2008), 19.

78 스카이엠 글, 한철호 그림, 『그림으로보는 그리스-로마신화 2: 신과 인간』(서울: 계림, 2016), 57.

79 리차드 로어, 이현주 역, 『물 밑에서 숨 쉬기』(서울: 한국기독교연구소, 2015), 148.

80 이 전제는 예배와 예전학자인 알렉산더 슈메만의 정의로서 그는 인간의 본질을 '하나님을 먹는 존재'라고 본다. 참조: 『세상에 생명을 주는 예배』.

81 키스 제임스, 김은해 역, 『토머스 머튼: 은둔하는 수도자, 문필가, 활동하는 예언자』(서울: 비아, 2014), 38.

82 유해룡, 『하나님 체험과 영성수련』, 115.

83 헨리 나우웬, 윤종석 역, 『마음의 길』(서울: 두란노, 2015), 74.

84 김경은, "의식 성찰(성찰기도)", 『오늘부터 시작하는 영성훈련』(서울: 두란노, 2017): 164-176.

85 이냐시오는 첫 번째 단계의 영신수련에서 의식성찰 법을 제시한다. 이냐시오는 의식 성찰이 영신 수련으로 나아가는 준비요 전제라고 설명하며 중요하게 다룬다. 지금도 예수회에서는 하루를 마무리하며 자신을 돌아보는 의식 성찰을 비중 있는 영성 훈련으로 생각하고 있다. 참고: 유해룡, 『하나님 체험과 영성수련』(서울: 장로회신학대학교출판부, 1999), 69.

86 키스 제임스, 『토머스 머튼: 은둔하는 수도자, 문필가, 활동하는 예언자』, 38.

87 레이몬드 E. 브라운, 최홍진 역, 『요한복음 I: 표적의 책』 앵커바이블 (서울: CLC, 2013), 365.

88 이 부분은 다음 책의 107-184쪽의 해당 부분을 발췌한 것입니다. 아빌라의 테레사, 고성, 밀양 가르멜 여자 수도원 역, 『아빌라의 성녀 테레사: 자서전』(왜관: 분도출판사, 2015).

89 한병철, 김태환 역, 『피로사회』(서울: 문학과 지성사, 2012), 29

Be still